U0839439

王冲 著

不要相信你的眼睛

SEEING IS NOT BELIEVING

人民东方出版传媒
東方出版社

目　录

CONTENTS

第一篇　西方为什么怕中国

第二篇　日本能成为正常国家吗

第三篇 以色列的三大秘密

第四篇 当今中国最大的危机

序　言

一

我们常说，眼见为实，耳听为虚，对应的英文是：Seeing Is Believing。

然而，我们的眼睛却常常欺骗我们。

网上搜一搜，你会找到欺骗你眼睛的各种图片，分明是一样长的线段，可在不同背景和装饰下，却有长有短。

此刻，你的眼睛在欺骗你。

你面对的也许是一位美女，风姿绰约，举手投足间韵味无穷，可你不知道她顾盼的双眸后有过怎样悲怆的过去。

表象和内在，永远不是靠眼睛可以看出来的。

我们在全世界旅行，住五星级酒店，逛名城闹市，看名山大川。但如果你只是用眼睛看美景，即便你走遍全球，可能也不知道世界的本来面目。

也许你说，我为什么要知道这些？

是的，为什么要知道？在自己的天地里，喝杯咖啡，陪陪孩子，在柔软的沙滩上消磨夏日酷暑，听着音乐看白云悠悠，不亦乐乎？

我完全同意。对于世界，对于人生，确实一千个人眼里有一千个哈姆雷特，各有看法，各有活法，这样的世界才更精彩。

于我而言，我总会想美景背后是什么，繁华过后是不是一切都会成梦。我总会想，巍峨的宫殿背后是不是破烂的贫民窟。我总觉得有些信誓旦旦的豪言壮语背后是见不得人的勾当，是为了一己之私。

二

带着这种批判性思维，我实现了自己走遍世界的梦想。当然，不是全部国家都去过，南极、北极、珠峰都没到，和有钱任性的王石先生不可同日而语。

我不是天生批判，是毕业后的记者生涯，让我形成了看事情总是持怀疑的态度。我曾经和一个做销售的朋友聊天，他说你知道销售和记者的区别是什么吗？销售眼里，多烂的东西都可以夸得天花乱坠，而你们记者，多好的东西都可以看出一堆缺点。

无论看优点还是看缺点，都不应该走极端。记者，要求客观报道，其实，绝对的客观是不存在的，每个人都有自己的刻板成见存在。我们所能做的是更加全面、准确地看，多元视角去看，独立思考，从而最大限度地消除个人成见。

批判，就要看到事物的表象和内在，就要知道它的过去和现在，就要通过对比找出差别所在。

当然，批判性思维不是崇洋媚外，而是尽量把真实、全面的海外状况介绍给国人。我前几年出过一本书叫《差距》，讲的是西方和中国的对比，讲的是中国哪里差。这不是妄自菲薄，而是通过寻找差距来追求进步。我和好友章文、杨佩昌还合作了《中国人到底想要什么》，从中国人的角度出发看世界，希望以全球视野来看待中国当下的问题。

三

比客观、批评更重要的，是全面看问题。

我们看世界不够全面，我们通常更关注西方，西方国家中，更关注美国。

美国赫德森研究所访问学者约翰·李曾在《外交政策》杂志撰文谈“中国的美国强迫症”，认为中国人过分关注美国。

从人类的发展看，欧洲社会是现代文明的典型，北欧的民生社会主义更是人类和平幸福生活的模板。欧美文明体系里，美国是最强大的，但是美国人的生活方式、社会组织结构、医疗保障等体系不如欧洲。

中国人为什么不羡慕欧洲，而更崇拜美国？除了我们所熟知的权钱崇拜，还说明内心缺乏稳定的价值观和平等意识。中国人很多时候抱怨不平等，但抱怨不平等的人很多时候不是为了追求平等，而是希望自己成为占据优势获利的一方。

世界不只是西方，西方也不只是美国，在中国人越来越多地走出国门、走向世界之际，对美国的这个超级大国的认知，也应该更平和、更理性。美国媒体夸奖中国，未必是好事；美国媒体批评中国，也未必是坏事。以平常心看美国，多角度看世界，自己的心态才会平和。

巴黎的浪漫，柏林的安宁，瑞士小镇的淡定，意大利的风光，都有其独特的风格。

相比而言，从文化的角度，美国乏善可陈。

四

说归说，我自己也一度不够全面。在我工作的前十年，打交道的多是西方人，去过的国家大都是西方国家，因此更多看到中国的《差距》；十年后再看，却看到了中国的进步。

西方国家里，我对以色列情有独钟；欧洲国家里，我比较喜欢德国。

在德国境内旅行，对于我们这些没车的外来人最好的交通工具便是火车。德国的子弹头列车，和中国的动车长得很像，当然，他们拥有这个东西已有多年，肯定不是抄袭中国的。和中国的动车一样，每节车厢的门口上方都会显示速度。我从柏林到汉堡旅行，多数路段显示时速是200公里左右，比较平稳。火车上也很安静，很多人捧着书看，即便说话也轻声细语，唯恐打扰了别人。

准时是德国火车的一大特点。我在德国旅行没有碰到过晚点，即便是公共汽车站的站牌，也标着几点几分到。老式的车站里，就连大屏幕都还不是电子显示屏，依旧是老掉牙的翻页式显示，一番就噼里啪啦作响，但精确度分毫不差。每个火车站，都会在明显地方设置钟表，而且不会出现哪个表停下不走的现象。

德国的火车是开放式的，买了票进站上车，一路畅通无阻。多数时候车上有人检票，也有时候没人检票，更没有防止有人不买票进站的层层铁栅栏。德国的地铁更是特别开放。比如说，在柏林，进站口两台检票机，你在上面一打，就算检票了，两个小时内，随便乘车；超过两个小时，就需要再买一张。如果花上40欧元买张月票，就可以一个月内畅通无阻，随便乘车。

这里面，有着对人的基本信任和尊重，政府或铁路部门不像防贼一样防着乘客，而乘客也不会为了那点车票钱撕毁这种信任。这种状态，让地铁里成了无人值班区，有个司机开车，然后就万事大吉，极大地降低了社会成本。

这是我 2005 年去柏林的感受，十年后，北京的地铁也是四通八达，多数情况下，大家打卡进站，井然有序。中国在硬件乃至人文环境方面的进步，尤其明显。

近年，走访南非、蒙古、印度、朝鲜等国家，从不同角度比较，对于中国在世界上的地位有了更清晰的定位。还是以乘坐地铁为例，我在南非不敢去乘坐公共交通工具，怕被抢劫；在印度也不敢去乘坐公共交通工具，怕脏乱差；在朝鲜，即便想去也不行——不许外国人乘坐地铁。

眼见未必为实，不同地点、不同时间所见，感受完全不同。

五

即便同一座城市，不同区域也迥然不同，比如说，底特律。

我在 2004 年去底特律，非常非常不喜欢，因为它的市区太破败了，看了郊区的奢华后，更加不喜欢这个贫富差距如此悬殊的地方。

这里是福特、通用、克莱斯勒三大汽车厂商的根据地，或许是因为汽车太多的缘故吧，这个城市的公共交通差得出奇，几乎可以说没有。有一条高架轻轨从我们住的宾馆旁边经过，可惜只是单行线，不是往返，据说很少有人乘坐。更可怕的是，底特律被称为“谋杀之都”，害得我们晚上都不敢出去溜达一下。

这里曾经异常繁华，可如今却到处都是人去楼空的情形。在市区，好多建筑物无人居住，大门紧闭，街道上行人很少。只是每到棒球比赛或者篮球比赛时，才有一点城市的迹象。底特律曾经一度有 1700 万人，而今市区只有不到 100 万人，就连图书馆也因为预算不够关门歇业了。

与此形成鲜明对比的是郊区的富足。我到一个叫格罗斯地带的富人社区做客，感觉和市区是两个世界。典型的美国式木头住宅，两边树木环绕，草坪修剪得整整齐齐，对面是圣克莱尔湖，湖对面就是加拿大。夜幕降临，月亮徐徐升起，一幅迷人的画面。主人说，这栋房子花了100万美元。再往远处走，有福特家族的住宅，每栋至少价值400万。

底特律失业率高达6.7%，而且谋杀不断，居民牢骚满腹。失业，是因为汽车厂商把工厂转移到其他地方，这里缺乏工作机会；谋杀，大都是和毒品有关，因为对岸就是加拿大，贩毒集团活动特别猖獗。就在我做客的格罗斯地带，前不久就抓住了一个意大利黑手党的头目，名叫帕克罗尼。我的司机在经过帕克罗尼家门口时还特意停下来，让我欣赏了一下。他说帕克罗尼家有地道，可以通到他的同伙家里。

六

底特律只是美国的缩影，我们看到的是两个美国。

有个沿海的美国，有个内陆的美国；有个共和党的美国，有个民主党的美国；有个郊区的美国，有个城区的美国；有个黑人的美国，有个白人的美国。

2016年大选，是两个美国的斗争，穷人和富人，白人和有色人种。撕裂的结果，导致加州有人寻求独立。

有两个美国，也有两个印度。

一个印度，是光鲜的印度。

新德里的使馆区，绿树成荫，大使馆、高级酒店鳞次栉比；新德里的高级商场，汇集了全世界最齐全的名牌商品，比什么巴黎老佛爷之类的有过之而无不及。

孟买的房价，30年涨了600倍，约合人民币6万，而新德里南部的豪宅，有的12万一平方米。孟买的堵车，更是全天候的。

印度一位富翁，给夫人送生日礼物，出手就是一架飞机，不是小小的无人机，而是一架波音。

另一个印度，是灰暗的印度。

在五星级酒店或高级公寓的旁边，就是穷人摆的小地摊，就是一排排年久失修的破屋子，也可以叫做棚子。其状况，中国国内的棚户区也比它强太多。

我去孟买著名的露天洗衣厂，看到高楼大厦下面，工人们不停地洗衣服，空间局促，脏水横流。当我试图进去时，有人过来说需要收费，后来看我不吃这一套，不给钱，才离开，回到了自己的摊位上。原来，只是一个摆摊的，看到外国人来了，想赚点儿零花钱。

晚上，在新德里的地铁站边上，可以看到街头露宿者和狗一起，伴着皎洁的月光入睡。

在印度，处处是这种对比。这，就是两个印度。

一个发达的印度，经济增长率7.6%，信息产业发达，中产阶级正在茁壮成长；一个发展中的印度，贫富差距大，污染严重，腐败严重。正因为如此，莫迪总理一方面打发展牌力促经济发展，另一方面打击腐败，因此支持率维持在80%左右，人气颇高。

两个印度都在我们眼里，可哪个是真哪个是假？印度是如何维持贫富分化而又和谐共处的状态的，这，是我所思考的问题。

七

在阿姆斯特丹，也不要相信你的眼睛。

荷兰首都阿姆斯特丹的街头，不时飘出一股怪异的、无法形容的味道。这味道不像厕所里发出的臭味，也不像榴莲发出的怪味。

来过这座城市的朋友可能知道，这是大麻的味道。阿姆斯特丹的街头，随处可见coffee shop，你如果以为是咖啡馆进去喝咖啡可就错了，那是卖大麻的地方，真正的咖啡馆是cafe。

这个国家挺逗的，大麻合法、卖淫合法、同性恋结婚合法、安乐死合法……

这么多合法的东西，对于习惯了稳定压倒一切的中国人而言，听起来有些危险，看起来也很危险。

可事实并非如此，阿姆斯特丹是世界上最宽容的城市之一。

对自己所不理解的行为宽容，对其他人貌似出格的行为宽容，对不同文化背景的习惯宽容。宽容实际上是对人的尊重，对人的选择权、生活方式的尊重。

我想，这就是文明的本质。所谓文明，就是对异端的宽容。越是文明的地方，对于不同的思想和行为就越会持宽容的态度；越是野蛮的地方，就越会划定一个规则让所有人都一致。

这一次，我的眼睛，再次欺骗了我。

八

最不能相信你的眼睛的地方，是朝鲜，因为你看到的只能是对方希望你看到的。

在朝鲜的一所福利学校里，我看到修葺一新的校园和教室，看到绿意盎然的标准运动场，看到校园的每个角落都打扫得干干净净。

在校长的带领下，我进入教学楼。教学楼里面当然有领袖的大幅照片，这是大家都可以想象得到的。走廊里，贴满了英语、数学和科学的招贴画。从画面里不仅可以看到知识的海洋，还可以看到翱翔在知识的海洋里快乐的朝鲜儿童。

在校长的带领下，我们走进一间教室，恰好孩子们在加餐。他们吃着面包，喝着豆奶，看到我们进来后立即起立问好，训练有素，彬彬有礼。

宿舍，也是高标准，四人一个套间，一间卧室可睡觉，一间起居室可学习，比中国大多数的大学宿舍都要强得多，令人禁不住惊叹。

到食堂看更是惊诧，里面鸡鸭鱼肉应有尽有，厨师们正慢慢地切猪头肉，香喷喷的味道令人垂涎欲滴。

校长还带我参观了家政教室，有供女孩子学女工的缝纫机，有供男孩子学做饭的厨房用具。

这些，都是双眼所见，至少在那一刻是真实存在的，可我不能相信我的眼睛。我没有看到孩子们在操场上踢球，我没有看到下课铃声响起孩子们涌出教室，我也没有看到每个孩子的餐桌上都有猪头肉和小银鱼。

当然，我也无法相信朝鲜的学校都有这样的设施和饮食条件。

参观平壤少年宫，所见所闻更是夸张。古筝、竖琴、钢琴、艺术体操、篮球、排球、舞蹈、美术、书法等，应有尽有，都有孩子学习，并表演给我们看。很“凑巧”，我们到合唱队参观时，他们用中文唱着“我们的幸福像花儿一样”；而舞蹈教室里，孩子们拉起我们的手一起跳舞，让我情不自禁地想起，西安的孩子们见到连战时，用夸张的语气喊“连爷爷，我们想您了”。

我的眼睛没有欺骗我，壮观的少年宫和极具艺术水准的表演确实是真实的存在，朝鲜不是为了糊弄外国人，才建造这么一所少年宫，朝鲜孩子的多才多艺确实是真实的存在，朝鲜的基础教育普及程度很高也是真实的存在。

但我在这些孩子的眼里，看不到快乐，看不到自由。他们的一切，都是表演，而不是出于热爱。对于我们这样的外国人，他们没有半点好奇和惊讶，因为他们已经习惯了这种戴着面具的表演。

在少年宫一层休息大厅，我忽然看到几个穿着朝鲜民族服装的女孩子叽叽喳喳地玩自拍，我立即感到这才是真实的，惊叹于朝鲜的孩子也玩自拍。走过去一聊，才发现他们是生活在日本的朝鲜人，回国参加表演。我和几个女孩子用简单的日语聊了几句，然后乐呵呵地一起拍照。

她们，看起来天真烂漫，全无顾忌。我能感受到，这才是真实的存在，这一次，我选择相信自己的眼睛。

九

是的，在朝鲜活动缺乏自由，你不能到处溜达，不能自己去乘坐地铁，也不能到自由市场买东西，你能去的只能是给外国人开设的市场。

但到了朝鲜，我反倒是不担心安全问题，加上没有网络信号和手机信号，我可以回到宾馆，听着虫鸣真真，安然入睡，颇有些返璞归真之感。

这和在南非的感受恰恰相反。南非很自由，想去哪儿都行，可胆小的我，在约翰内斯堡开会期间，哪儿也没敢去。

在南非的金融中心约翰内斯堡，花 100 万就可以买 1000 平方米的大房子，里面有大游泳池，配三个车库。

如此这般真好，可倒贴钱让我留下我也不会同意。原因很简单，治安不好。

南非治安之差早有耳闻，浙江的投资团一出机场就被抢光，我国的外交官在等红绿灯时被劫匪用枪指着头抢钱。写这篇文章时看到的报道说，一位六旬华人老翁在家中被劫匪打死，85 岁的母亲被强奸，听起来让人发指。写这篇文章的记者我认识，他本人前几天丢了几千块钱，不是在机场，不是在酒店，而是在中非合作论坛大会现场。比这位朋友更惨的，是一位非洲国家的外交官，在会场外被抢光。

在约翰内斯堡开会间隙，我和刚果（金）的一位商人聊天，他说去过宁波、深圳和广州，他用夸张的表情说，广州就是天堂。

在美国首都华盛顿，也有高风险区域。该市的南部区域，甭说晚上出门，白天大街上也有风险。这不是我说的，而是这位官员说的。其实，我以前在华盛顿采访时，经常一个人溜达，还喜欢跑到著名的水门大厦附近转转，也没碰到什么坏人。但的确有美国朋友警告说，南部治安混乱，没事不要往那儿跑。

除了华盛顿，底特律、迈阿密也都是犯罪率较高的城市。去底特律采访，路上美国朋友就说，在城里，最好不要一个人外出，曾有华人大白天被当成日本人枪杀，原因么，很简单，因为丰田抢走了三大汽车公司的生意，害得很多工人失业。

当然，这么说绝不是告诉你美国乱得一团糟。相反，在西部的乡村，居民的淳朴憨厚你无法想象；即便在华盛顿这样的都市，你停下来查地图时，也会有人笑着问你，需要帮忙吗？

每个国家，每个地区，都有其负面，也有其积极面，如果只盯着其中一面，就会很容易走入误区。

要全面地看。

十

其实，最看不清的，是中国。所谓，不识庐山真面目，只缘身在此山中。有时候，从世界的角度看中国，可能更清楚。

有一次我和美国国务院的高官聊天，政治、经济、文化扯了一大堆，由于两位美国官员均为女性，话题自然而然地转为家长里短。

当然，这位高官的姓名、职位不方便说，只能透露我们的饭局是在北京马甸附近的一家小有名气的川菜馆。看着美国官员惊叹中华美食的样子，想想当年在美国吃的按磅出售的垃圾食品，真是深感作为中国人的幸福之处。

在这位高官看来，北京美好的地方不止是美食，安全也是重要的因素。晚上 12 点多，朋友约她出去遛弯，她起初不敢答应，因为根据在华盛顿的经验，晚上出门风险很大。但他的朋友说，放心吧，北京很安全，于是，她们在北京的街头漫步，路上还碰到几个酒鬼，晃晃悠悠地和她们打着善意的招呼。

如果从安全、生活便利、美食等角度看，北京、上海在世界范围内都可以名列前茅，是很多人向往的国际大都市。

当然，可怕的雾霾阻挡了很多本来趋之若鹜的人的脚步。

北京和上海，不能代表中国，正如纽约和洛杉矶不能代表美国一样。

记得奥运之前，中国“威胁论”泛起，外交部请了一批西方国家的记者去云南和贵州的山区转了一圈，透过这些媒体，一个更加全面、真实的中国走进了西方民众的视野。

中国和美国一样，都贫富分化。美国的精英不了解民众，结果是特朗普意想不到地当选总统。

这也导致我 1996 年预测总统大选以来第一次失利。我深刻反思，最重要的教训是，学者要深入基层，这一点我没有做到。我 2004 年、2007 年去美国的时候，有空就和出租司机、酒店门童聊天，到集会场合和贩夫走卒扯淡，那时接触的是活的。

这几年，即便去美国开会，也是出入宾馆酒店，和企业家或学者空谈，不接地气。这是研究中要命的事情，要改，没有亲身的调查不行。

我想，美国很多学者大概也有同样的问题。

接地气，就要用脚走路，用眼睛看，用嘴和人聊，用脑子思考。我特别欣赏林语堂的话：两脚踏中西文化，一心写宇宙文章。本来这本书的名字想叫《脚踏中西》，但感觉自己学识还不够，不好口气那么大，就叫《不要相信你的眼睛》吧。

第一篇　西方为什么怕中国

邓小平的遗产

电视连续剧《邓小平》的热播，一度成为北京知识阶层的话题。尽管真正坐下来认真看完每一集的不多，但里面的一些细节处理以及演员的遴选还是引发了热议。

2014 年 8 月 22 日是邓小平诞辰 110 周年，这之前，《人民日报》刊文再度确认了其作为中国改革开放总设计师的地位，可谓名副其实。

对于 1976 年到 1986 年的邓小平，国内无论官方还是民间并无太大的争议。他带给中国的变化，留给中国的政治遗产，确实称得上“伟人”二字。

我认为，这位伟人的政治遗产，最大的莫过于“实事求是”这四个字，其他所有，都是这个思想指导下的产物。

实事求是，首先就需要承认这个世界没有“神”。只有全面崇拜领袖的疯狂年代成为历史，才能开启未来。邓小平终其一生，始终都警惕“天才领袖”这四个字，从未这样给自己定义，在干部遴选、政策变动的过程中，也注重和其他党内元老商议，形成妥协。客观地看，他实际上有机会扩充自己的绝对权威，有机会树立自己的高大形象，但主观上并没有这样。因为这个世界上没有“神”一般的领导，是其他一切的基石。

在否定“神”的基础上，才可以发挥人的作用。邓小平曾负责教育工作，正是他力主恢复高考并身体力行地推进。恢复高考前三年所培养的大学生，至今依然是各领域的中坚和主力，那个时代的大学生，确实有着精英意识，发挥着精英的作用。

否定“神”、肯定人，是实事求是在精神层面的产物，而改革开放，是在政策层面和操作层面的产物。

正是“改革开放”这四个字，让中国人看到了世界不是曾经描述的那样生活在水深火热之中。

正因为如此，很多人怀念八十年代。那个年代，中国人拥有了前所未有的自由，年轻人跳迪斯科，妇女留披肩发，穿牛仔裤、超短裙，人们争相利用自己所能利用的一切资源追求财富，思想自由开放。

而今，邓小平走后的中国的财富持续累积增加，与此同时贪污腐败、社会不公、道德滑坡也成为整个国家的痛。按照邓公实事求是的一贯理念，对于这些问题自然不能忽视，通过改革兴利除弊也是必经之路。

在思想领域，许多争论甚嚣尘上。如果按照邓公实事求是的理念，不用管它姓社还是姓资，不用管它是西方的还是东方的，不用管它来自美国还是来自日本，只要是好东西，就可以拿来用。

很遗憾，邓小平留下的这份遗产，很多人不喜欢，动辄以境外势力等话语阻碍中国的开放事业，动辄以稳定为由头阻碍改革大业。

我想，这种违背规律的做法，可能一时得势，但终究还是会在历史的大潮中被湮没、被淘汰。

别让“文革”遗风泛滥

这几年某些舆论有些怪，一方面充满阿谀奉承之风，另一方面充满暴戾杀气。

阿谀奉承之风，主要是对上。无论大众传媒还是私下场合，上下差别越发明显。甚至我所知道的某单位，出差时秘书竟然给领导洗内衣。

暴戾杀气是在大众之间，甚至在精英知识分子之间。从方韩之争到肖鹰批韩寒，大家火气越来越大，对立和分裂愈发显著。

至于左右之争，体制内外的碰撞，更是显得水火不容。

我把这种风气归因于“文革”。“文革”的语言体系、话语模式，塑造了整整一代中国人。

如果总结“文革”时候的语言，那就是简单、粗暴、绝对化，黑白分明，非此即彼。好的就拥护，坏的就打倒，没有中间道路。

而今，这种态势大有卷土重来之势。一些媒体对领导的歌功颂德，遣词造句像“文革”语气。领导坐地铁，被群众认出来，当成新闻热捧。可现实情况是，如果领导真是体验民间疾苦，就不会刻意带着记者。这种摆拍再配上肉麻的吹捧，久而久之如果成为习惯，就是“文革”遗风回潮。

一些所谓的知识分子，也放下学术的外衣，为了捞资本而说鬼话。

有人不懂装懂说俄罗斯多差，招来俄罗斯外交部的抗议，为了政治目的大胆地睁着眼说瞎话，这也是“文革”遗毒在作怪。

网络舆论有时候不讲道理，一上来就问候别人的母亲，辩论时也胡搅蛮缠。

你客观地说一句中美应该友好，立即有人说你是汉奸。这种乱扣帽子的作风，就是“文革”遗毒。

“文革”遗毒之所以泛滥，有着多重原因。

一是我们这个民族的文化基因。我知道这么说会得罪人，不过，拥有优秀文化传统的中华民族，也有诸多缺陷，比如说唯上，比如说缺乏宽容和妥协精神，正是这种文化才导致“文革”如此惨烈。

二是民众对“文革”反思不够。现在“文革”依然是许多人不愿面对的伤疤。“文革”需要全民的反思。

三是社会整体氛围不好。如今的中国，名利至上，大家都很浮躁，任何理性的做法和声音都容易被欲望的海洋所淹没。

我这么说，并不是害怕挨骂。有时候，敢于挨骂是自信的表现。但希望不是谩骂，而是有逻辑的思辨。真理越辩越明，不管是高级领导还是平民百姓，都要在真理面前低头，这才是正常的社会风气。

阶级斗争会不会卷土重来

社科院院长王伟光的一篇雄文一度引发中国思想界的争论。争论的聚焦点是关于阶级斗争之火会不会熄灭，王伟光同志的观点是不会熄灭。

不会熄灭，就要重燃，就有卷土重来的态势，这是知识界所担心的，因为有良知的人都不愿中国再经历一次像“文革”那样的创伤，这个国家经不起折腾。

对于阶级斗争，像我这个年龄的人印象还不深刻。只记得小学时要求填阶级成分，大家都争着填贫农，觉得谁要是出身富裕家庭是一件可耻的事儿，和现在以自己老爸是大款为荣是完全不同的时代。

支持阶级斗争，代表极左思维，但凡极端的，都要慎重对待。坊间都在猜测这篇文章背后的深刻含义，都觉得这事儿不简单。

我个人以为，无需对此过度解读。当年《人民日报》的头版版式，是“读懂中国”的利器，后来《南方周末》却说在这里读懂中国。现实是，把《人民日报》和《南方周末》放在一起，读到的依旧是一个复杂中国。

《环球时报》的胡总出了本书就叫《复杂中国》，不管他个人价值判断如何，用复杂来修饰中国，是正确的。

那么，从社科院院长发表在《求是》杂志的文章，能读懂中国吗？其实也不能。

但别担心，阶级斗争不会卷土重来。

这么说当然不是简单的乐观期盼，也不是瞎猜测。这篇文章发表的时机，距离即将召开的十八届四中全会不远，而四中全会的重要议题就是依法治国，习主席还说过依宪治国。依法治国和阶级斗争，就是水和火，是不相容的，有你没我，二者只能取其一。

这个很好理解，“文革”时期就是讲阶级斗争不讲法律。如今好不容易从那个泥潭里爬出来，只有傻瓜才愿意重新回去。我想主张阶级斗争的人本身，也未必愿意回到那个时代。

也就是说，像“文革”那样自上而下发动的阶级斗争，应该不会发生。但不同阶层的矛盾，经过这些年的发展，有扩大之势。官民之间，贫富之间，东西之间，体制内和体制外之间，城市和农村之间，这些矛盾所引发的社会事件，这几年处于高发期。这些不能称作阶级矛盾和阶级斗争，但如果处理不当，可能产生严重后果。

解决这些矛盾，当然不能通过斗争。就像法国大革命之前，贵族坐马车，贫民赤脚；革命后，贵族的马车砸烂了，没有了，贫民依旧赤脚。

不通过斗争，就要通过依法治国的方式，促进社会公平正义，促进地区城乡的平衡，把权力关进笼子。

这才是真谛。

民粹才是稳定的大敌

这几年，总在不同地方和不同的人有饭局。在北京，和公知们喝酒时，大家往往是一片忧国之心。可回到老家，那些没念过几年书的叔叔、伯伯，以及初中毕业后去打工的兄弟们，却总是关切地问，钓鱼岛怎么了，啥时候打小日本一顿。

由此，我感觉到城市和乡村在观念上的差异，当城市有产者、知识分子越来越多地关注身边的问题时，底层的民众依然在过去宣传口号的笼罩之下。

在学术上，管这种情况叫民粹。记得前几年人民网有个关于民粹主义的调查，也印证了我的感觉和判断。

调查显示，49.5%的受访者具有民粹化特征，其中，31.3%的人属于民粹特征显著群体，18.2%的人属于有一定民粹化倾向群体。

从行政区划来看，日常居住地为乡、镇、村的受访者中，民粹化特征群体和民粹特征显著群体所占的比例均为最高，分别占乡、镇、村受访者的57.5%和41.3%；居住在直辖市的受访者民粹情绪较低，比例分别为48.1%和29.0%。日常居住地为海外的人，民粹特征最不显著，比例分别为21.7%和8.3%。

调查发现，学历与民粹主义情绪有较强的相关性，在“大专群体”

和“中专/职高/技校/高中及以下”群体中，民粹特征显著者所占比例较高，分别为51.5%和41.3%；相比之下，这一比例在博士和硕士学历的人群中分别只有18.2%和26.2%。

学历越低越愤青，生活地区越偏远越愤青，可以简洁地概括这次调查的结果。

在学术层面，民粹主义并无明确定义，它可以依附在民族主义、种族主义、女权主义、社会主义等各种学说上，是一种“阵发性的、反政治的、空心化的、打着危机旗号的‘变色龙’”。但总的来看，多数民粹主义者或民粹主义现象都具有以下特点：回避代议制政治的复杂性，主张直接民主，把所偏爱的群体进行理想化，并以此作为辨视自身的依据，缺乏核心价值观，是对严重危机的强烈反应。民粹主义既可能从民众中产生，又可能被精英所倡导；既可能仅仅是一种思潮，又可能形成运动，甚至具有长期的政治后果。

民粹的可怕之处在于，它一旦出笼，可以迅速煽动一大批人，做出疯狂的举动，轻则构成针对少数人的“多数暴政”，中则严重破坏社会稳定，重则导致大规模流血事件和整个社会秩序的崩溃以及文明的倒退。

问题在于，民众只看到眼前，只知道今天是不是更安定了，而不愿多想这种剥夺财产和人权的行径，迟早会落到自己身上。

民粹主义是中国未来最大的威胁之一。老百姓只看眼前的、表面的利益，根本不会想以后会有什么样的灾难。我们缺乏公民意识，只有臣民意识，盼望清官，盼望明君，却不知道任何权力本来就是我们自己的。

甲午战争失败因“全民腐败”

讨论当年甲午战争为什么失败，是个艰巨的任务。诸多观点中，我倾向于认同腐败说，我认为正是水师的腐败、朝廷的腐败以及全民的腐败，导致战争的失败。

古今中外，腐败的军队是打不了胜仗的。因为军队是个精密的机器，任何一环都不容许出问题，任何一个环节的问题都可能带来灾难性的后果。很久以前，英国曾经流传一段民谣：“少了一个铁钉，丢了一只马掌；少了一只马掌，丢了一匹战马；丢了一匹战马，败了一场战役；败了一场战役，失了一个国家。”

这段话，被称为“铁钉效应”。

腐败，就是让每一个环节都打折扣的要素。因为腐败，炮弹不合适；因为腐败，武器系统年久失修；因为腐败，炮筒上晾衣服也无人问津；因为腐败，优秀的军官得不到升迁和提拔；因为腐败，战役会失败。

这样的例子数不胜数。明军和李自成及后金军对垒时，打不过敌人就杀几个百姓凑数领赏，这是腐败；鸦片战争前夕，清军吃喝玩乐抽大烟也是腐败；当然，叶志超大敌当前狂奔而逃，也是腐败的表现形式。

作为高级将领的叶志超逃跑，说明腐败不限于军队，而是朝廷官员的集体腐败。明朝末期，将领贿赂魏忠贤或拜他为干爹才能升迁，同样，清朝末期的部队也是买官成风。

在腐败弥漫的状况下，官员都想的是个人升迁和疯狂敛财，而不是国家利益，更不会想着知己知彼。从主战主和的争论以及由此凸显的无知和傲慢，到只顾自己一亩三分地的自保之心，都是腐败的思维方式。

推而广之，清朝的腐败深入到社会的每一个细胞和毛孔。到县太爷那里拜访，不给门童打点一番，根本见不到面。而洋务运动以来兴办的企业，也大都是官办或官督商办，都是寻租的产物，都需要经过层层回扣和任人唯亲，而不是公平做事和任人唯贤。

这就是腐败的后果，它让所有事物都不根据本来规律运行，它让所有事物的效果都大打折扣。比如说一部汽车，每个零件都精雕细刻，生产出来就是奔驰或者保时捷；每个零件都因为腐败而糊弄着造出来，就可能是某一低端品牌。二者比赛时，显然后者必输无疑。

因此，一个全军腐败、政府腐败、全民腐败的清朝，是无法打赢这场战争的，它充其量可以对付内乱，打自己人，因为腐败土壤很难生长出具备强悍战力和韧性的群体。

再深入一步的问题就是，为什么会腐败？答案很简单，人出了问题。全民腐败，说明全民都出了问题，其浅层在于制度，深层原因在于文化。

制度论比较流行，很多人认为甲午战争清朝失败是因为日本引进了先进的制度，而中国只是中学为体西学为用，然而，民主成立后引进了西方议会制，并没有带来相应的民富国强，而是很快再度遭遇日本铁蹄的践踏。

制度的制定、执行都需要人，如果人人都讲私利，没有公平公正之心，任何制度都无法很好地推行。全民腐败，是因为人心散了，社会缺乏共同的信仰和价值观。用慈禧太后的话说，大清是我满洲人的天下，与你汉人何干？而无论哪国或哪部的军队进入北京，居民都举着旗子欢迎，似乎“与我无关”。

人心散，实际上是从宋朝灭亡开始的。崖山战役后，中华文明遭遇了断根式的灭绝，此后明朝的中兴，其实带入了太多的流氓气和野蛮气，这从朱元璋的酷刑就可见一斑。朱元璋那种办法治贪都无法奏效，充分说明人心散了的可怕之处。

清朝入关以来，更是让中华民族变得落后，彻底断了脊梁，这口气到现在都没有缓过来。这口气，就是“以人为本”，对人的尊重，对事物规律的尊重，以及由此带来的“铁钉效应”。

在势均力敌的两国之间，腐败的军队一定是打败仗的，而人心散了，腐败是必然的，失败也是必然的。

被西方骂时我们该怎么办

新华社的一篇报道，是这么开头的：

在西方，总有一拨人靠着发表辱华言论吸引眼球，借此捞取知名度和个人利益，尤其是当他们在竞选政治职位之时。目前，这个名单上又多了本月刚宣布参加美国总统竞选的惠普前女 CEO 卡莉·费奥里娜。

文章披露，费奥里娜说中国人擅长考试而没有想象力："我在中国做了几十年生意，告诉你们吧，中国人考试没问题，但他们就不会创新，很缺乏想象力。他们不创业，他们不创新，所以他们现在来窃取我们的知识产权。"

骂中国的声音当然很多，说中国要崩溃的也不少。别人骂我们、轻视我们，我们该怎么办？这是值得研究和思考的问题。

挨骂时一般有三种选择。第一种，采取鸵鸟政策，把头埋在沙子里，对外界的责骂和批评视而不见、听而不闻，管他风吹浪打，我自闲庭信步。这是保守的做法，袁世凯的公子袁克定就这么干过。为了让老爹登基当皇帝，不让他看任何报纸，只给他单独出版了独一份的《顺天时报》，里面全是奉劝老袁当皇帝的阿谀之词，结果老袁以为全国人民都盼着他称帝。

在全球化的时代，对外界的责骂不理不问，比当年的袁世凯更糟糕——因为他是“被动”的不听骂声，而不是主动的。更不可取的态度是，在翻译国外对中国的评论时，把前半部分表扬我们的留下，把骂中国的部分删掉，结果是，英文世界里骂声一片，中文世界里叫好不绝，这种自欺欺人的做法，不足取。

第二种，像“泼妇”一样，跳起脚来反驳，不管他骂的有理无理，一律统统打回去，以更犀利、更猛烈、更充满战斗气息的语言显示自己的力量。“文革”期间，中国的对外宣传就是此类模式，迄今，某些外宣语言里还有“文革”余波，喜欢用一些非理性的骂人词语凸显自己的立场。为此，有人开玩笑说，中、美、俄三国的区别在于，美国是我想打谁就打谁，俄罗斯是谁打我、我就打谁，而中国呢，是谁打我、我骂谁。

第三种，是采取理性分析的方式，把蓄意骂人的放在一边不去理他，对恶意诋毁的进行义正词严的反驳，对合理的建议和善意的批评进行分析、归纳、研究，用于改正自己的缺点和不足。

当然，第三种是上佳选择。要做到这一点其实不容易，不仅需要有虚怀若谷的心态，还要有良好的理性分析能力和国际视野。

心态尤其重要。我们社会多了些浮躁，少了些自信。涉及外国人骂中国，本来浮躁的心态加上民族主义情绪的激荡，更加无法容忍。我身边的朋友，包括我自己，和老外聊天时都曾经因为对方说中国的不好，而脸红脖子粗地和人争辩，不肯承认不足。其实，承认不足又有何妨？

骂中国有时候也“别有用心”。当选举时，政客们都要找个国外的靶子骂一骂，中国成为大国，也像美国一样容易成为靶子，这时的骂声不必太当真。另外，西方的媒体不是铁板一块，有时候骂人只是编辑部的主张，或者是老板的旨意，不必动辄去向该国政府交涉，否则，人家一句“我们新闻自由，政府无权干涉媒体”就能干净利索地给挡回来。

不浮躁，有自信，以国际视野、慧眼识骂，理性分析，虚心纳谏，这就是对别人骂我们应采取的态度。

做到这些，只是起步阶段，在分析研判后，还要知道哪些是对中国的误解和偏见。可以把对中国有误解和偏见的人请进来看看，多交流，这样骂中国的人也许回去后会更客观地评价中国。我们有时候常把喜欢中国的人请来，实际上，把骂中国的人请来交流，效果事半功倍。前几年，中国外交部曾经把经常骂中国经济威胁的一些驻华记者请到云南极度落后的地区，让他们看那里的贫穷状况，结果，这些记者写了好多文章，讲中国地区间的贫富差距，无形中是对中国经济威胁论的抵消。

有时候，西方在讲中国问题时，入情入理，分析切中要害，值得我们认真思考。

比如说，这位惠普的前 CEO 就对中国很了解，说中国人会考试缺乏想象力，公平地说根本不是辱华，而是客观陈述事实。我们听了可能不舒服，但不得不承认她说的对。令人欣慰的是，这条新闻下面的跟帖，并非一味谩骂，而是很多人反思中国教育存在的问题。这说明对于西方的骂声，中国人已经客观看待、从谏如流了，这是自信的表现，这才是大国国民的风度。

西方为什么怕中国

这些年，中国“威胁”论、“黄祸”论一直在国际社会上不绝于耳，这让很多中国人感到不平衡，我们这个国家的人民很老实，说是威胁全球连我们自己都觉得荒谬，可西方的战略学者们偏偏一根筋似地觉得中国是个威胁。

我碰到西方的政要或学者，有时候也说起此事，自觉不自觉地给中国进行辩护。国际社会害怕中国有各种原因。历史上，大国崛起都是通过战争，不打一仗成为世界老大或进入领导集团的古之罕有，他们管这叫“修昔底德陷阱”；就意识形态而言，中国和西方社会有着不同的理念和价值观，西方觉得中国非我族类、其心必异；从国家规模和实力的角度来看，中国确实块头大，就像一个彪形大汉站在一个袖珍少年面前，难免让人害怕。

这些是西方害怕中国的理由，但每一个理由又都可以辩驳。历史上大国崛起通过战争，可现在社会成了地球村，任何通过战争无法获取的利益都可以通过国际规则的制定、商业领域的合作取得，打仗的结果是一损俱损；从国家规模和实力看，中国依旧是地区大国而不是世界大国，经济能力虽然整体看不错，但创新力、话语权都不足，不是国际事务的主导者，军事能力更是远远无法和美国抗衡。

无论历史视角、现实原因还是意识形态，都是可以解释、可以沟通的。但有一点，无法对西方国家的学者进行解释。这就是政府的掌控力。一方面，这是好事儿，可以集中力量干大事；另一方面，一旦做出错误的决策，后果也会相当严重，比如说“文革”，就给整个国家带来了深重灾难。

很不幸，这次亚太经合组织会议加重了西方的这一印象。整体看，这是一次成功的、胜利的大会，嘉宾云集，井然有序，各项成果丰硕，但一个细节却增加了西方的担忧，那就是北京的蓝天。

亚太经合组织会议前，是北京马拉松，运动员戴着口罩参赛的场面感动了世界。很快到来的会议，却是蓝天白云迎接远方的客人。西方媒体报道，超过 6 万家企业停产。这在西方社会是不可想象的事情：为了一次会议这么多企业停产。

这证明在国家民族大义面前，企业多么渺小，这实际上是和市场经济的理念相悖的，这也是西方国家的政府无论如何也做不到的。这就是他们害怕中国的原因。因为中国要完成一项决策太快了，执行力也太强了。按照他们的逻辑，中国要发动一场战争也会很快。

欧美国家的政体决定了做一项决定要经历政府、国会、媒体、民众的博弈，牺牲了效率，可能排除了最优选项，但好处是很难做出最坏的选择。而在中国，可能最优，也可能最坏。

改变这些，需要把权力关进笼子，需要依法治国的逐步落实，需要权为民所系。这并非一朝一夕之事，需要全社会的共同努力。

奥巴马也是社会主义者？

最近读了毛瑞福先生的作品《趋归：社会主义为什么行》，有些话不吐不快。

对于社会主义、资本主义这些意识形态领域的争议，改革开放后，尤其是入世后，整体而言逐渐淡化。但这些年随着反宪政、反普世价值等争议，意识形态趋紧，从思想层面区分东西方、区分社会主义和资本主义的倾向在加强。

毛瑞福先生这本书，序言里开宗明义的一句话引发了我的关注。他提出了一个问题：在国际意识形态领域，社会主义国家为何总是处于守势，被西方某些资本主义国家扣上“不民主”、“不人权”的帽子，而疲于解释。在国内理想信念价值观的传播中，也常常陷入教条主义的桎梏，缺少理论的说理性。

其实仔细看，东西方、社会主义和资本主义有很多相同的东西，也在相互学习。当年社会主义的基本原则之一就是计划经济，可邓小平一句社会主义也可以有市场，改变了这一教条。

同样，资本主义也在学习社会主义的理念。

按照毛瑞福《趋归》的观点，所谓“趋归”，是人类社会发展规律的共识，昭示着资本主义必然向社会主义趋归。

在大洋彼岸的美国，论调竟然惊人相似。早在2009年2月，当奥巴马大搞全民医保时，美国《新闻周刊》封面上直接宣称："我们现在都是社会主义者了。"

美国是社会主义国家吗？毫无疑问，不是。奥巴马总统的改革有社会主义元素吗？毫无疑问，有。

在竞选时，奥巴马就被对手称作"社会主义者"，被古巴领导人卡斯特罗引为"同志"，委内瑞拉总统查韦斯活着的时候也开玩笑说："来吧，一起搞社会主义吧！"

奥巴马的改革措施中，对通用的破产保护、对金融机构的改革，无不折射出其社会主义特征。通用汽车最大的股东成了政府和工会，于是，这家象征美国资本主义精神的公司，成为"国家和集体所有制企业"。

金融改革也是如此，美国要将美联储打造成"超级监管者"，全面加强对大金融机构的监管，还计划设立新的消费者金融保护署，赋予其超越目前监管机构的权力。这一做法符合马克思的学说。在《共产党宣言》里，马克思预言了资本主义的金融危机。美国《外交事务》杂志估计，马克思开出的"药方"，将会是号召金融市场的公有化，并"通过拥有国家资本和独享垄断权的国家银行，把信贷集中在国家手里"。

比企业国有化和加强监管更具社会主义特色的，是奥巴马的医疗保险改革。其目的是给所有美国人买得起的医疗保险，手段是设立政府负责的公共医疗保险计划，同私人保险业者竞争。奥巴马就此评论说："如果私人保险公司和公共医疗保险竞争，将使他们更诚实，也会让保费下降。"也就是说，美国要以政府之力建设"人人有医保"的社会，这完全符合社会主义"人人有饭吃、人人有衣穿"的理念。

这就是说，实用主义的美国人，对意识形态实际上不墨守成规。奥巴马总统的改革很容易让人想起邓小平20世纪90年代说过的话："市场不等于资本主义，资本主义也有计划，社会主义也可以有市场。"而今，美国的实践也说明，国有不等于社会主义，资本主义也可以搞国有。

这就是美国搞社会主义给我们的最大启示：没有什么事物是社会主义所独有，也没有什么事物是资本主义所独有，有些理念属于全人类，有些价值也应为人类所共享。

无独有偶，北欧民生社会主义的成功，也正是价值共享、趋归的有力证明。

不信你就看看各大高校要求背诵的社会主义核心价值观吧，它融合了东西方和不同主义的理念，是人类的共享价值，完全可以走出中国，走向世界。当然，这些不能光说说，还要真正地实践。

2009年的时候，有个顺口溜在网络流传——1949年，只有社会主义才能救中国；1989年，只有中国才能救社会主义；2009年，只有中国才能救资本主义。我看了毛瑞福的《趋归》后，决定加一句：2099年，地球上都是"社会主义"。

疯子和骗子，谁对中国更有利

前几天，和几位投资界人士聊了聊美国大选。看得出，对于希拉里和特朗普谁能当选，大家还是满怀兴趣，对于大选后中美关系走势以及美国对华经济政策，也非常关心。

谈大选之前，先来关注一下美国当前的政治、经济状况。美国政治对立严重，两党在过去的八年里互不相让，党派矛盾、宗教矛盾、种族矛盾都较以往严重。而经济方面，虽然从 2007 年的金融危机中缓慢爬了出来，但美国经济复苏乏力，今年二季度的增长率只有 1.2%，令人担忧。更关键的是，美国 1%的人掌握了 90%的财富，中产阶级萎缩，民众没有从经济的缓慢复苏中享受到好处。因此，民心思变。

政治对立、社会矛盾、贫富分化，加上社交媒体的发达和特朗普的口无遮拦，造就了有史以来最为肮脏的大选，给观众们带来了“骗子”和“疯子”之间的对决。

这场对决，是体制内和体制外之争。

希拉里，体制内民主党大佬，当过“第一夫人”、参议员、国务卿，执政能力强，精明强干；特朗普，体制外商业精英，大嘴无敌，观点鲜明，属于光脚不怕穿鞋的，毫无顾忌。

一男一女，可谓旗鼓相当。

希拉里有两大劣势：第一，诚信度，也就是如何改变特朗普贴的“骗子”标签；第二，目标不明确，她竞选过程充满我们团结起来的陈词滥调，缺乏明确的目标。

反观特朗普，要让美国再次伟大起来（和中华民族的伟大复兴口号如出一辙），美国优先，观点明确，立场鲜明。

特朗普的劣势在于，没有执政经验，极端的言论让中间摇摆选民敬而远之。

民调变来变去，各种预测都有。谁能当选，要看一些具体指标和重要变数。

第一，邮件门。我个人认为，距离大选还有100天之际，爆出邮件门，对希拉里的打击不是致命的。大家都说民主党操纵媒体，其实只是审了审记者的稿件，没到操纵的地步，他们也没有能力操纵。总之，很快会有新的事件来取而代之，民众是会遗忘的。我们返回头看，谁还记得特朗普夫人的演讲，谁还记得恐怖袭击后特朗普的讲话？

第二，恐怖袭击。这将给大选带来变数。假如大选前在佛罗里达州发生一次大规模恐怖袭击，伊斯兰国宣称负责，将有利于特朗普。

第三，普京。邮件门已经被民主党利用，说这是俄罗斯黑客干的，矛头直指俄罗斯和普京。普京或许真的希望特朗普当选，但他真的有可能帮倒忙。

第四，佛罗里达。希拉里和特朗普，需要拿到270张选举人票才能入主白宫，除了保住自己的票仓，还要争取摇摆州的支持。十几个摇摆州里面，佛罗里达票数最多。佛罗里达倒向希拉里，民主党获胜的几率就很大；如果佛罗里达支持特朗普，那他才有机会赢得胜利。

当然，作为中国人，更关心下一任总统的对华政策，对于投资界的朋友而言，尤其是关心经济政策。

我的判断是，希拉里如果当选，会继承奥巴马的外交和经济政策，在某些方面会加强，如亚太再平衡战略。鉴于希拉里的强势，如果她上台，中美会更多地掰手腕，中美斗争的前沿阵地或许从南海撤到台海，但由于她和中国高层知根知底，中美关系不会大幅波动，也不存在蓄意进行战争的可能。

经济方面，中美你中有我、我中有你的态势不会变，美国社会的自我修复能力，也会让它的经济保持稳定发展，投资美国依旧无需担心重大社会政治风险。

如果特朗普当选，中美经济关系会有小幅波动。他在关税、汇率、知识产权方面会施加压力，但不至于到贸易战的程度，中美在磨合一年半载后会很快走上新的平衡。

无论谁当选，都会把加强美国制造、创造就业机会放在重要位置。因此，对美投资如要取得美国支持，重大理由就是是否能创造就业机会，这是重点所在。

打击谣言的尺度

这几年，对于网络谣言的打击一直没有停止，然而，何为批评，何为抹黑；何为求证，何为谣言，其实缺乏标准。

不可否认，在网络的江湖上，各种利益博弈，为了政治利益、商业利益或其他利益，有人不惜通过制造谣言达到目的。然而，无论为了什么崇高的目的，打击谣言的过程中都需要尊重法治，尊重人的基本权利，尊重言论自由这个基本准则。

打击谣言，首先必须清楚什么是谣言。古往今来，通过造谣抹黑对手达到目的的案例不胜枚举，战争状态下的所谓“对敌宣传”也可以算作谣言。因此，在中外的各项研究中，均没有给谣言准确的、令人信服的定义。西方国家一些学者甚至认为，宣传从某种意义上说也是谣言。

什么是谣言？最为令人信服、传播最广的定义是：谣言是利用各种渠道传播的对公众感兴趣的事物、事件或问题的未经证实的阐述或诠释。

惩治谣言，需要依法。《刑法》中规定了侮辱罪，诽谤罪，损害商业信誉、商品声誉罪，编造、故意传播虚假恐怖信息罪等，其实也适用于谣言。依照《中华人民共和国治安管理处罚法》第二十五条规定，

“散布谣言，谎报险情、疫情、警情或者以其他方法故意扰乱公共秩序的”，可以“处五日以上十日以下拘留，可以并处五百元以下罚款；情节较轻的，处五日以下拘留或者五百元以下罚款”。

依法治理谣言，一定要尊重人的基本权利。有人常说，阳光、空气、水和自由是人与生俱来的权利，而自由包括行动的自由、思想的自由和表达的自由，这一点在中国的宪法里有明文规定予以保护。

鉴于此，对谣言的打击一定不能违反保护言论自由的基本原则。网上举报官员不算谣言，因为这是否是事实，纪委、司法机关调查即可；对政府不当行为的监督不算谣言，政府为人民服务，人民也有权监督政府，这符合中国作为社会主义国家的基本原则；对历史问题和历史人物的反思不算谣言，因为一个民族只有认清历史才能面对未来，把历史当做任人打扮的小姑娘是对古人的亵渎和对今人的罪恶；发布信息不准确不能算谣言，因为民众所知有限，不能期望他们和官方一样掌握权威信息。

现在有些地方有个趋势，就是民间“传谣”，官方“辟谣”。而过三个月或半年后，证明民间的“传谣”是真实的，而官方“辟谣”是虚假的，结果却有人因此“传谣”而锒铛入狱。这种状况其实是对言论自由的损伤，也是对官方信誉的损伤。

谣言还是真相？实话还是假话？这些不应该靠一个命令或是一个简单的声明下结论，而是应该通过公开，这是个最有力的方式。谣言止于公开，这是个颠扑不破的真理。在资讯如此发达的今天，任何对真相的掩盖都是不明智的，而及早公开就是真相战胜谣言的最好方式，而不是“防民之口甚于防川”。

公开就需要多元的碰撞，这个过程会产生矛盾、纠结、抱怨，但它可以最大限度保证结果的公正。美国法官勒尼德·汉德说，正确结论来自多元化的声音，而不是权威的选择。

还有一种不良倾向，就是动辄说某种言论是谣言，意图是煽动社会不满，这缺乏依据。以此治理，会让国民噤若寒蝉，整个社会失去反思的能力，也失去活力。

言论只有在直接煽动叛乱、反抗等行为时，才构成犯罪，把合法的言论当做挑唆煽动，是最大的不宽容。

言论自由当然有边界，不是可以随意造谣，对此，美国的霍姆斯大法官有如下经典判例：对言论自由作最严格的保护，也不会容忍一个人在戏院中妄呼起火，引起恐慌。禁令所禁止的一切可造成暴力后果的言论也不受保护。一切有关言论的案件，其问题在于所发表的言论在当时所处的环境及其性质下，是否能造成明显而即刻的危险，产生实际祸害。

以此说法处理网络谣言较为合适。当一个人在网上质疑某历史人物而被调查时，他可以理直气壮地说，我是对历史人物、历史问题的反思，这不会引发“明显而即刻的危险”，也不会给身边人带来危害。当然，某历史人物的家人也可以告他“诽谤罪”。这就需要法官在尊重言论自由的基础上，给出公开、公正、公平的审判。

“后大 V 时代”谁来理性批判社会

有位读者的来信让我颇为感慨。

前面夸我的话，就省略 200 字吧，否则显得有些自吹自擂。这位读者是这么写的：

“当看到转发您的文章被转发，是不是被别人认为戾气太重，牢骚太多，负能量太多？”

“哪怕我批评的论据不是那么旁征博引，我的思想不是多么深邃，但我能感到一些事情的不好，这样可以说吗？”

“怎样把知识分子推动社会进步、批判的作用和满腹牢骚的愤青相区分？”

这几个问题，我想也困扰很多人，我自己也曾问过自己多次。批评和戾气、理性批判和牢骚满腹、知识分子和愤青，其实没有一个清晰的界定。

我想，这样的疑惑，不是个体的问题，它反映的是“后大 V 时代”一些群体的彷徨与犹疑。

如果你不知道“后大 V 时代”，没关系，这是我杜撰的词，与之相对，是“大 V 时代”——2008 年到 2012 年“大 V”弄潮的那段时间。

那几年，微博为代表的社交媒体一派繁荣，意见领袖们作为“大

V”参与社会公共事务，信息的流通与易得，刺激了中国民众对公权力与社会事务的监督热情。

社交媒体带给中国的巨大变化是，信息的传播不再是传统的从上到下、从中央到地方、从精英到平民、从沿海到内陆，而是变成没有确定中心的开放式传播，精英和大众之间的界限模糊了，权威和平民之间的界限模糊了。微博日益成为网民爆料的首选方式，对互联网舆论格局产生了巨大影响。

通过“大V”在社交媒体的信息发布和批评，一方面可以吸引民意的关注，让一些事件得以公开，形成舆论，当对作恶者的批评或谴责到达一定的量级时，这本身就是一股强大的无形力量，因为社会本身有着趋正避邪的规律；另一方面，“大V”引领公众关注的事件，很快会被官方所关注，从而得到迅速处理。这其实是良性互动。

在大众“麦克风”，人人“自媒体”的时代，大家在话语市场上竞争，真理终将越辩越明，社会往健康、正常的方向发展。北京外国语大学教授展江曾就此评论说：“当草根民众可以比传统媒体更快地传播信息时，社会就变得更加透明。”

凡事有利必有弊，“大V”引领舆论的同时，也相应产生了商业行为，产生了负能量，产生了谩骂和谣言，甚至产生了欺诈。这并不可怕，其关键应该在于推动理性批评，而不是禁止批评。

理性批评，其实是正能量。

然而，在“后大V时代”，理性的引领者少了。在“后大V时代”，随着微信朋友圈成为主流社交平台，一张图看懂一件事、最震撼人心的图片等标题党大行其道，理性的声音反而稀缺。

这其实不是好事儿。一个国家，一个社会，需要批评的声音。改革开放之初，是百家争鸣的时候，也是文化繁荣、社会充满朝气的时候。民间的理性批评，可以防止国家这部大车跑偏，可以及时修补漏洞，虽然有时候会夸大风险，但总比有危险视而不见要强百倍。

国家的进步，社会的发展，每个人都有责任。“后大 V 时代”大家也不必缄默，而是应该理性发表自己的看法。最近，很多人善意地和我说，写文章时要注意分寸，我觉得说得特别对。不谩骂，不充满戾气，而是建设性地提出问题，分析问题，甚至尝试提出解决方案，哪怕是这方案不完美，唯有如此，才能真正促进社会进步。从这个意义来说，在“后大 V 时代”，每个人都有成为“大 V”的潜质。

公知为何成了贬义词

一位我一向尊重的老领导对我说："你想一辈子当公知吗？你孩子多大了，你难道以一个公知的身份做孩子的父亲吗？"

大致就是说，公知是个没出息的行业，你当公知，孩子会觉得有这样的爸爸丢人。

我这人不爱抬杠，因为公知确实不是我的"职业"，我只是做记者时养成的职业习惯，喜欢写点东西，喜欢批判性思维而已。因此当时我也没说什么，毕竟是老人家，不好直接批驳。可接着有年轻的朋友和我说，你要在公众平台上以专家的形象出现，不要做公知。他的意思是，高校、学院的那些写论文的专家，比公知靠谱多了。

在中国，某个词儿从褒义走向贬义只需几个月就可完成。同志、农民、小姐等词都迅速完成了词义的180度大转弯。公知，一开始就有争议，在有计划的摧毁下，成为贬义也不稀奇。

当然，专家、教授也被污名化了。放眼中国大陆，带有职业属性的词儿没被污名化的真不多。

公知的词性变化，宏观形势使然。在需要释放正能量的时代，遇事挑刺、讲理的公知，被认为带来负能量。而薛蛮子、秦火火案发锒铛入狱，也给微博上活跃的公知整体带来了负面影响。

社交媒体上某些群体对公知的攻击和谩骂，也起到了推波助澜的作用。中国的教育体系是培养乖乖孩儿，不注重逻辑和理性，从而导致很多人随风倒，没有稳定的价值观和是非观，基本上属于谁声音大跟谁混。公知在网上红火的时候，有人跟风；而攻击谩骂公知的言论到处都出现后，马上改变观点贬低公知的也大有人在。

高校、智库的学者，也瞧不起公知，这里面有着复杂的心态。学者觉得自己学富五车，无人问津，可公知的专业水准不如自己却拥趸无数，心里有些酸溜溜的。其实学者如此大可以理解，学者之间也是互相各种瞧不起。高校之间、高校不同专业内部、同一专业不同派系，总是内心相互鄙视、面上笑脸相迎。

不好意思，不小心又犯了公知的毛病，把问题给点出来了。

对于公知的社会地位变迁，百度百科一针见血：公知是公共知识分子（The Public Intellectual）的简称，精确定义是具有学术背景和专业素质的知识者，进言社会并参与公共事务的行动者，具有批判精神和道义担当的理想者。

但在如今的网络社会，一些人有目的性地引导舆论或自以为是地发表不成熟的批判言论，并自诩为“公共知识分子”，使“公共知识分子”的形象受到了颠覆。

应该说，这是个客观公允的表述。不能否认公知对社会进步的意义，也不能否认有人自诩为公知却无真才实学。社会的进步，需要当政者的改革，需要各行业的奋斗，也需要公知站在超脱的高度提出批评。只有提出问题、分析问题进而解决问题，社会才能进步。

人大代表们应该天天上班

3月初，春节已过元宵节未到，全国的代表们又齐聚北京召开“两会”。

全国两会是大事，代表们的举手投足都会受到全方位的关注。可两会后，他们就不再是受关注的焦点。

这给人的感觉是，代表或委员只是“两会”期间的代表和委员，“两会”一结束，他们就完成任务下班啦。

事实也的确如此。“两会”一结束，我们的体育委员们就忙着参加国内外的各项比赛；我们的明星代表们，有的走穴、有的造八卦忙得不亦乐乎；我们的国企老总们也变成了企业的代表，让他们一年350天为本公司的发展着想、两周时间为公众利益代言，的确是有些强人所难；而官员代表呢，更是多数时间作为执政者在工作，而不是监督执政者的角色。

也就是说，大多数代表有着自己的本职工作，做人大代表或委员只是“短期兼职”，要求每个人都全身心投入很难，因此，每年“两会”期间都有一些不经深入基层调查的无厘头提案，这也是不能全心投入的结果。

人大代表，是代表人民参政、议政，在不开会时，应该和人民有着一定的联系通道，人民在有事想找他的时候，至少应该有个地址或者电子邮件，能通过这个渠道联系到他。然而，这并不容易做到。找人大代表，一般要通过熟人或关系，否则很难。你能找到姚明的电邮吗？你能找到柳传志的电邮吗？

当然，这些公众人物的信息不可能每个人都知道，不过，区县一级的人大代表总应该可以找到吧？答案也是否定的，你如果是一个北京人，在网上搜索，只能找到市区人大的网站，里面有一个提建议的网址，也有代表名单，但没有代表来自哪个社区的信息，自然也无法联系到该代表。

人大代表应该是民众和政府沟通的管道，这个管道应该是畅通的。美国的议员们都有一笔经费，有自己的办公室，可以招募助手。在和美国人交流时，他们说，你认识议员，还不如认识议员助手，因为助手才是直接和民众沟通的人，是设定议员日程的人。

而中国的人大代表由于其兼职身份，注定要在“两会”结束后忙活自己的事，你不能指望柳传志不为联想的发展努力而献身于中国 IT 事业的发展。但是，通过某种行政的支持，比如说配备助手和办公室，把助手和办公室的信息公开给民众，还是会增加沟通的流畅性的。

人大代表和民众沟通不畅的另外一个原因是代表的概念太模糊。比如说，这么多市人大代表，哪个是代表我所在的社区的？如果这个没有明示，就让代表如无源之水，就让民众提建议无门。西方民主国家选区的概念也可以拿来为我所用，至少要让民众知道，到底谁代表自己的那一片小天地。

按照当初的设计，我国的人民代表大会制度，是我国民主集中制的集中体现，是把人民的意志上升为国家的意志，是真正的人民当家做主。如果让人民的意志能更多地、更直接地反映到人大代表那里，更有利于这一制度的完善和发展。

农民工走了，北京怎么办

最近，一个说回到台湾就像回原始社会的帖子热了起来。

2016 年 1 月 26 日，一位生活在大陆的台湾人——天涯网友@中华阿靓根据自身经历，从移动办公、订餐、娱乐、出行、就医、购物等方方面面，向大家展示两岸互联网发展水平的差异。作者认为，大陆蓬勃发展的互联网技术，使人们几乎可以借助一部手机搞定一切，反观台湾人，一切的活动还停留在“依靠身体的移动”来完成。在作者看来，离开大陆发达的网络世界回到台湾，有点回到原始社会的感觉。

此文被共青团中央的微博转载后，引发热烈讨论。有网友打趣说，不止是台湾，世界上三分之二的人民还是生活在水深火热之中呢。

这话倒是在理。

我有朋友在美国生活，经常和我诉苦。说车子坏了自己能修就修了，买张床尽量自己去拉回来，如果让人送，送货的价格比床都贵。

在欧洲也是，很多地方八点以后下班了，周末不开门，和北京、上海这些中国大城市的服务没法比。

在北京生活，确实方便。网上下单，快递哥一天内就能给送到。可这背后的景象，很多人看不到。

支撑北京的，是以千万计的农民工。他们抛妻别子来打拼，起早贪黑，给首都人民提供了劳动力。他们所承受的是家庭不能团聚，是恶劣的居住环境，是随时可能被赶走的命运。

过年，他们都回家了。很多饭馆不开了，快递也停了，黄瓜也从一块钱涨到了八块钱。生活在大城市的人，不能忘了他们。

在我们这个城乡二元结构的社会，脏活累活都是农村人干了，城里人才可以享受相对较低成本的服务。在美国，这些活被墨西哥移民干了，但墨西哥人讲人权，不会无缘无故地加班，也不会把老婆孩子留在老家，因此他们的服务成本要高些。他们可以组织集会，组织自己的协会，来争取权利，甚至还可以组织黑帮，垄断某一个产业。这些，中国的农民工做不到。

在欧洲，来自土耳其、伊拉克等国的移民，占据了诸多服务产业，而且形成了自己的社区。老移民是二战后去的，新移民是这几年中东闹内乱去的。新移民一到德国，立即拿到房子，拿到补贴。虽然带来些动乱，但长远看，也能解决欧洲劳动力不足的问题。

说半天，我的意思其实很简单：欧美的移民问题，就是中国的农民工问题。从某种角度看，中国的农民工在城市的存在感，还不如欧美国家的移民强。

这也就是市民能享受这么好的服务的终极原因。就是说，城市市民享受的服务，是以农民工的牺牲和付出为代价的。他们只是不知道，或者没有能力去维护自己的权益而已。

农民工回家，我们其实连原始社会都不如。想想，农民工走了，北京怎么办？

对此，我在体会。待在北京过年，感受帝都的不堵车、物价贵和农民工走了后的各种不方便。

让阅兵蓝常驻北京

2015年9月3日阅兵前这半个月，心情特别好，感觉这不是北京而是洛杉矶。真的，很久没见到北京秋天之美了。郁达夫笔下的京城秋之意境借阅兵全飘了出来。低垂的白云、透亮的阳光、干净的空气，让我无论单双号都舍不得开车，而是步行去上班，妄图永恒地抓住这难得一见的奢侈品。

每次走在大街上，开心之余偶尔也忍不住想吐槽几句脏话：谁×××把我大北京折腾成这样了，统统抓起来关进监狱！

无论开心、愤怒还是遗憾，其实用处并不大。北京人都知道，阅兵结束之日，便是污染返回之时，而且会变本加厉地报复性反弹，把之前的损失都补回来。

通过奥运蓝、APEC蓝和这次更爽的阅兵蓝，我不仅没有失望，反而对国家治理污染的信心与日俱增，因为铁一般的事实和迷人的蓝天告诉我们，我们“有关部门”对污染来自何处、如何干掉污染源头一清二楚。

知道污染在哪里而不去整治，要么是主观不想干，要么是客观情况干不动，要么是干了会有致命的后果。解决这些，三招足矣。

第一招，解决地方领导主观不想干的问题。这需要靠政绩观的调整。许多地方官员做的事无非是提高GDP然后升官，其他都不认真对待。

只有真正落实环保一票否决的考核体系，并启动媒体监督、民众监督等诸多配套体系，才能扭转领导干部的思维方式和发展模式。中国地方政府权力非常大，地方官不想干的事儿，上方指令多强硬也会被抵消。

对此我有信心，而且信心十足。

30 年前，有一件比治污更难的事儿，就是计划生育。虽然产生了诸多争议，但从执行的角度，各级政府都显示出强大的执行力。治污这事儿，也是同样的道理，只要地方官员们狠下心来，肯定能干成。

第二招，解决客观情况干不动的问题。地方官员也不是神仙，即便全力以赴，也难免企业阳奉阴违。我所了解的一些地方企业，有各种应付检查和媒体的办法。这就需要从企业入手，依法严格治理，让污染者付出惨重代价。企业讲究投入产出比，当污染行为带来严重后果时，自然会严于律己，做环保模范。

第三招，解决干了会有致命后果的问题。现在中央之所以犹犹豫豫，地方政府之所以畏首畏尾，根本还是考虑到成千上万人的饭碗问题。我认为对此要有长远眼光。以制造污染最为严重地区之一河北为例，其实该省并不穷，有些只产生负能量的企业关停不会出什么大乱子。我经常去河北等地，觉得关键是一些地市人的意识落后，他们无论多么有钱也不肯考虑保护环境的问题，这是地方文化的结果。厦门人民可以集体散步赶走 PX 项目，可其他地区却拼命抢过来。更有甚者，为了私利，上了昂贵的环保也弃之不用。

一个地方集体不负责任，必须同时使用强硬的法治手段和更为持久的教育手段。以惩罚遏制势头，以教育改变其心态。后者，是个极为漫长的过程。

假如中国的乐视收购英国的《金融时报》

2015 年 7 月 28 日晚，我在北京参加联合早报网 20 周年庆典，政协外委会副主任韩方明博士的一段讲话，令人心生感慨。

他说："即将过去的 7 月份发生了两起全球瞩目的新闻界并购事件。一桩是 14 日乐视网收购在香港上市的北青传媒部分股权，一桩是 23 日日本经济新闻社发布公告将收购英国金融时报集团的全部股权。"

国内外企业并购，司空见惯，相比谷歌收购摩托罗拉、微软收购诺基亚这样的大手笔，收购传媒属于小本生意。收购媒体之所以引人关注，是因为它代表的是传媒业的深刻变革。

亚马逊收购《华盛顿邮报》，是新媒体吞并传统媒体的经典范例，而年轻的乐视网收购已过而立之年的北青传媒部分股份，其实是华邮命运在中国的重演。这并非空前，亦非绝后，如韩方明博士所言，无论是在中国还是在国际上，不同传媒间的竞争与合作都超出我们过往常识的判断和期待。

乐视收购北青股份，是中国国内企业的交易，虽有人惊呼，但毕竟是正常的市场交易，无可厚非，毕竟是顺应时势之举，无人不解。可日经收购《金融时报》，是国际间的并购，需要经过文化上的冲撞，涉及《金融时报》在多国的业务。此案一经宣布，就有人开始担心 FT 中文网的命运，担心的理由很简单：它成为日本人的了，中国还愿意让它就外交问题进行深入评论吗？

这就是跨国收购媒体的难处，强大如默多克，也在收购《华尔街日报》之后遭遇诸多困难。

然而，中国的新媒体要想走向世界，要想在世界范围内发出自己的声音，除了内生的动力外，也需要和国际接轨，需要按照通行规则出牌，购买属于自己的那块拼图。

这样的机会曾经有，未来还会有。2010 年，美国《新闻周刊》连年亏损准备出售，引发关注。《新闻周刊》一直是美国三大刊里我喜欢的杂志，和《时代周刊》相比，它更沉稳，扎实，不那么靠咬文嚼字和卖弄噱头赢得关注；和《美国新闻与世界报道》相比，它更大气，更具有全球视野，而不是每年弄个高校排行榜来吸引眼球。

震惊、惋惜之余，我当时就认为中国的媒体集团应该去买下来。后来据说南方集团的人去了，但没有谈成。再以前，听说美国的《读者文摘》给中国的《读者》打电话，说你们把我们收购了吧，结果中方谨慎，不敢搭茬。

此后，我一直觉得中国人应该有能力和自信收购一家跨国传媒公司。假如不是日经收购《金融时报》，而是乐视收购了《金融时报》，那对于中国人而言绝对是一件长脸的事。如果是央视或新华社出面收购，难度较大，因为西方对中国的国家宣传机构心怀戒心。如果像乐视这样的民企收购《金融时报》，尽管他们会对来自中国的资本产生疑虑，但也不是完全不可能。就像吉利可以收购沃尔沃，但如果是换作一汽，是万万不可能的。

未来，中国企业的海外发展是重要的主题，而能抓住稍纵即逝的机会收购已经成名的品牌，为我所用，是捷径。在国内互联网+风起云涌之际，我也希望中国的互联网企业，在国际市场上纵横捭阖，扬名立万。

中美软实力的五大差距

软实力是约瑟夫·奈提出的概念。

他将综合国力分为硬实力与软实力两种形态。硬实力（Hard Power）是指支配性实力，包括基本资源、军事力量、经济力量和科技力量等；软实力（Soft Power）则分为国家的凝聚力、文化被普遍认同的程度和参与国际机构的程度等。

相比之下，硬实力较易理解，而软实力就复杂一些。

约瑟夫·奈认为，软实力是一国通过吸引和说服别国服从你的目标，从而使你得到自己想要的东西的能力。软实力分为政治价值观、文化以及外交政策等。

近年来，中美硬实力差距在缩小，而软实力的差距却依然明显。因为我写过《差距》一书，香港《信报月刊》就此采访我，我回答提问时，提出了中美软实力的五大差距。

第一，价值观的差距。一个国家软实力的塔尖，就是价值观的吸引力。美国倡导的民主、自由、平等这些价值观，无论中国是否认可，是否接受，都已经被西方社会奉为“普世价值”，而中国面对这些价值观的传播，并没有鲜明的与之抗衡的体系。不管美国的价值观有多少缺陷或虚伪之处，至少是内外统一的，是放在世界任何一个角落都这么讲的。斯诺登事件，在国际上摧毁的就是美国的价值体系的一致性，因此对美国打击甚大，但由于西方其他国家对此心知肚明，并没有产生灾难性的后果。而中国 24 字的社会主义核心价值观提出不久，不要说对外推广，就是在国内的普及和深入人心，都需要时日。

第二，政治制度吸引力的差距。从世界近现代史看，民主国家的数量是增加而不是减少，民主制度里面美国不是最好的，但确实是最具吸引力之一。民主不是完备的制度，但迄今为止没有比它更好的制度。美国的政治制度，依然让它保持了稳定，保持了自我修复的能力，保持了吸纳全世界优秀人才的能力，它在世界范围内是有吸引力的。“中国模式”也有其特色，很多国家看中国有钱大加赞叹，希望中国投资，但真心学习中国的不多。这两年，希望对中国的制度效仿的国家也开始有了，很多亚非拉国家也愿意来中国学习，但“中国模式”的理论体系尚未建立，这一模式是否适用于其他国家也是未知数。因此，可以说中国政治制度的吸引力在上升，但距离美国还有差距。

第三，议程设定和话语权的差距。议程设定，就是决定国际社会讨论什么话题；话语权，就是讨论这些话题的方式、倾向和态度。这方面中国和美国差距不小。中国更多是被动应对，有人批评，我们站起来抗议，很多时候是这样。而美国，自己这边斯诺登出事，反而还大肆指责中国黑客，这种能力或厚黑是中国需要学习的。

第四，传播方式的差距。中国的对外传播，讲究伟光正，不理解国际传播的基本特点。而美国则有两大利器，即两个 H。一个 H 是以哈佛大学（Harvard）为代表的思想者，可以制造概念，提出行销全球的新理论，比如说，我这里说软实力，就是来自哈佛大学的教授约瑟夫·奈。另一个 H，就是好莱坞（Hollywood），它的大片横扫全球，这就是软实力。

第五，传播能力的差距。传统媒体时代，美国有美国之音，中国有中国国际广播电台，大家彼此竞争。可进入新媒体时代，谷歌、Facebook 占领全球市场，而中国却是封堵策略，这样敌人固然进不来，可自己也丧失了在国际上和一流公司进行竞争的机会，从长远看这是损失。

差距，不可怕，可怕的是看不到差距。中美软实力对比，可喜的一点是中国在某些领域正在上升，差距在缩小。因此，只要认识到差距，我相信中国人还是有能力赶上的，将来，肯定是硬的更硬，软的更软，软硬兼备，成为真正的一流强国。

中国距离国富民强有多远

中国梦的三大指标里，国家富强居首；《人民日报》公布的社会主义核心价值观，富强也位居第一。富强，是鸦片战争以来一代代中国人的追求和梦想。

然而，何为富强，并无准确的定义。

春秋名相管仲说，“国富兵强，则诸侯服其政，邻敌畏其威”，就是说军事力量强大四邻就会折服；李斯则认为，民以殷盛，国以富强，百姓乐用，诸侯亲服。

我更认同李斯的说法。所谓富强，不仅仅是 GDP 世界第一或第二，清朝 GDP 占世界的三分之一，依旧是弱国；富强不仅仅是民强马壮，如拿破仑、希特勒，最终也以失败而告终。

富强，就是民富国强，二者缺一不可。

学者杨佩昌有本书，名为《幸福离我们有多远：通向强盛之路》，书中对民富国强有着精辟的总结。

杨佩昌先生认为，全世界有四类国家：第一类，民富国强。这是人们所致力追求的，世界上这种国家有，但不是太多，德国属于这类。第二，国强民弱，或者说政府很强大，超级富裕，但老百姓兜里没钱。第三，国弱民穷，这以亚洲、非洲的一些发展中国家为代表。第四，民富国穷，政府手里没有太多钱，具有代表性的是美国。

对这个结论我完全赞同。

我曾在德国生活过一段时间，对此深有感触。这个国家的人口，还不如中国山东省人多，人均GDP 4万，是中国的8倍。这个国家的官方外汇储备虽然不是特别高，但民间的储备却高达7万亿，真正的藏富于民。

同时，这个国家消费却不高，房价也没飙升，而是缓慢上涨。在德国，花两欧元就可以买一捆啤酒，便宜得让人不可思议。至于医疗、教育这些政府提供的公共服务，更是令我羡慕。

与之不同的是，头号强国美国却是民富国穷。政府动不动就没钱了，只得暂时关门了事。每到这时中国国内就会唏嘘不已，仿佛看到了帝国主义的虚弱本性。可政府临时没钱关门，只是影响部分公务员的收入。整个国家的民众，小日子还是该怎么过就怎么过。国家也不敢没钱了就拼命加税，因为有国会在那里盯着政府加税的冲动。

民穷与否的重要指标之一就是工资总额在GDP中的比重。中国的比重长期地、持续地下降，比发达国家低很多。欧洲国家接近60%，美国50%左右，而中国只有36%左右。

日本在战后腾飞时，指导思想是用国民收入的增长来带动经济总量的增长，20世纪60年代，国民生产总值和国民收入年平均增长速度为7.8%，人均国民收入年平均增长速度为6.9%。

那么，中国人的钱去哪儿了？国家再分配时，中国更倾向于国强而不是民富。

德国政府最大的三项支出分别是：农业补贴、住房建筑业补贴和交通补贴，这三块补贴占德国财政支出的35%，如果把社会保险等其他补助加起来就将近50%，另外20%用于国防、外交，20%用于教育、科研，只有不到10%是用于公务员开支。

而在中国却相反，政府开支过大，医疗卫生、教育科研投入不足。住房，不提也罢。

民富是国强的基础。没有民富做基础，国强是虚弱的、不可持续的，民贫也会引发危机。如马克思所说：“一切真正的危机的最根本的原因，总不外乎群众的贫困和他们的有限的消费。”

第二篇　日本能成为正常国家吗

少数民族决定美国盛衰

美国人口超过3亿，其中少数民族人口超过了1亿，西班牙语裔人口是美国人数最多的少数民族，有4480万人，占了美国总人口的14.8%。非洲裔美国人现在有4000万，亚洲裔有1400万。

根据现在的出生率，50年后，白人就成了美国的少数民族。这对美国未来的影响非常大。

少数民族人口比例上升犹如一把双刃剑，一方面凸显美国文化的多样性；另一方面，也增加了未来的不确定性。

美国的历史，有相当大的一部分是由黑人和白人的斗争写成的。从19世纪的废奴运动到20世纪的民权运动，黑人作为少数民族，进行了不屈不挠的斗争，结果带来的是美国国内民族的平等。如今的美国，种族平等的观念深入人心，白人在工作、生活中稍有种族主义言论，便会给自己招惹麻烦。前些年我在美国访问时，恰逢弗吉尼亚校园枪击案。美国媒体铺天盖地都是关于唐·埃莫斯的新闻，这位可怜的电台主持人，言辞之间侮辱了黑人女子运动员，结果被炒了鱿鱼。

或许你还不知道，中国有少数民族高考加分，黑人在美国“高考”时也享受优惠。正是在种族平等的背景下，才有了黑人参议员巴拉克·奥巴马竞选总统之举，才有了迈克尔·乔丹、勒布朗·詹姆斯等全美追捧的明星。黑人的运动天赋、音乐才华，拉美裔人士的浪漫风情都在美国文化里尽情展现，你无法想象，一出百老汇歌剧没有黑人演员的参与。另外，犹太人的智慧、华人的经商之道也得以尽情发挥，由此还出现了“美国人的智慧在犹太人脑子里，美国人的金钱在华人口袋里”这种夸张的言辞。

漫步华盛顿街头，可见全世界各地的美食，法式大餐挨着越南餐馆，中餐馆靠着意大利比萨店，你要是在美国用蹩脚的中式英语问路，千万别感到不好意思，大家不会当你是“老外”，讲美国英语的来自四面八方，不像英国人那样讲究字正腔圆。少数民族融入到美国这个大熔炉，焕发出的是五彩斑斓的文化，给清教徒的后代平添各种新奇的元素。

不过，凡事有利有弊，少数民族的迅速增长，也带来了诸多社会问题。

我没有种族歧视的观念，只是在这里说一下不同种族的区别。美国的白人处于社会的主流，白宫五角大楼国会山，还是白人男子的天下，这些人继承了华盛顿、杰斐逊留下的平等、自由、民主、法制的传统，有着对条文、契约的尊重和勤劳、简朴的传统，他们决定着美国的价值观、政治、经济、文化的走向。相对来说，少数民族还是处于非主流地位，民族性格和白人有所不同。比如说，有统计显示黑人成年男子中有三分之一有着犯罪记录，黑人聚居的底特律城区让每个人都缺乏安全感；比如说，西班牙语裔人浪漫、懒散，挣点钱够花的就要享受、玩乐，使劲儿生孩子；而华人呢，执着于挣钱，大多缺乏对公共事务的热情，不太遵守法律，喜欢雇用非法黑工等。

我不是说种族的优劣，只是说美国现行的制度将来要不可避免地面对种族结构变化带来的挑战。美国的政治制度搬到菲律宾变得面目全非，同样的道理，不同的人口结构会带来不同的结果。在少数民族努力生孩子、移民继续涌入、白人出生率大幅度下降的情况下，白人 50 年、100 年后真的有可能变成“少数民族”。美国人担心，由于实行一人一票，是不是真的会出现白人当不上总统、当不上议员的情况。保守的美国白人主张限制移民，保证白人的地位不受侵犯，而多数人则坚持祖宗留下来的制度。

少数民族人口“双刃剑”将继续悬在美国的头顶，考验这个超级大国的应对能力、容忍度和熔炉的消化能力。

和克里谈钓鱼岛争端

2014 年 2 月 14 日，情人、元宵双节，我接到美国使馆电话，问第二天是否有空，邀请我参加美国国务卿的座谈会，时间是 2 月 15 日早上 9 点，地点在京广中心，告知我最好 8 点 15 分赶到。

一夜无话。早上略微早到了十分钟，找一快餐店填饱肚子，入场。

美国国务卿到访，安检自然不可忽视，京广中心楼下一辆奔驰候着，有警察在场，报名安检，顺利进入。

此时，美国使馆的官员已经在场，马晓霖、王克勤都已到场。和马晓霖兄是多年的好友，他也是我成长路上的大哥。王克勤兄上次骆家辉大使座谈会上见过，也是在同一个地方，张贾龙兄是 80 后新锐，初次见面。

马晓霖兄手快，已发了微博预告，当然，在接到网友们问题的同时，也接到某些人的谩骂，这也有预料。

闲话少叙，书归正传。

9 点 15 分左右，克里国务卿到场，握手寒暄后，他简要介绍了此行的目的和美国对社交媒体的重视，然后我们几人依次和他交流。马兄重在中美关系，克勤兄重在民间社会、反腐等话题。

其他暂且不表，说说我的问题和克里国务卿的回答。因为有同传，本来想说中文，但后来觉得可能英文直接交流更好，就用了英文。

我先简单自我介绍：国务卿先生，早上好，我是王冲，是个BLOGGER，曾于2007年参加美国国务院国际访问者项目（IVLP），在此再次谢谢美国国务院的安排。我主要关注中国外交、中日关系及中美关系，最近的研究在新媒体领域，在写一本书，新媒体对中美关系的影响，年底前出版。

然后我提问：国务卿先生，我很关心日本问题，其中，历史问题和钓鱼岛问题尤为关键。钓鱼岛问题上，中日有擦枪走火、爆发冲突的风险，请问美国的立场是什么？由于美日有安保协定，一旦中日有冲突，美国会在多大程度上帮助日本？历史问题上，中美如何携手维护战后形成的秩序？

国务卿是这样回答的：

在钓鱼岛问题上，美国不会选边站，不持立场，希望中日根据国际法解决，以外交方式解决，希望中日都克制，不希望爆发冲突。他强调，美国不承认钓鱼岛的主权属于日本，但行政治理权目前属于日本。

历史问题上，克里说：美国理解并尊重历史，我刚从韩国过来，感受到韩国人对历史问题的关注，也知道有遗留问题。

我又追问了一句：习主席和普京总统决定明年共同庆祝反法西斯胜利70周年，中美之间也会有类似做法吗？

克里回答，我想是的（I think so），他对中美共同反法西斯的历史感到骄傲（proud of）。他透露，他在2014年6月会到俄罗斯，参加纪念诺曼底登陆的活动。

和美国副国务卿谈公共外交

作为凤凰网的客串主持人，和美国主管公共外交和公共事务的副国务卿塔拉·索南沙因（Tara Sonenshine）聊了一个小时，忍不住想把其中的一点故事，和大家分享一下。

美国官员善于面对媒体，也喜欢通过媒体传播自己的理念。无论是国务院、国防部、商业部的官员，还是参众两院的议员，访华行程的最后，都要和中美双方的媒体见见面、唠唠嗑儿。有时候是开个小型记者会，有时候搞个不准透露消息来源的“吹风会”，也有时候找媒体做专访。

面对媒体，说什么，不说什么，美国官员更是驾轻就熟。就拿这次和索南沙因副国务卿的对话来说吧，我本来想把中美战略与经济对话、南海问题等热点一股脑地全端出来，看她字里行间的态度。但把访问提纲发给美国驻华使馆后，得到的答复是，副国务卿主管公共外交，建议主题围绕这个话题，南海问题不在她的职权范围之内，因此不能回答。

当时得到这个答复我还是郁闷了一阵儿，不过，没关系，任何问题都可以绕着圈儿问。访谈开始前，我和她进行了简单的交流，我说，有些事，比如南中国海中菲对峙，我要是不问问呢，就有些失职。这样吧，我从公共外交的角度问，请您提建议，怎么样？副国务卿自己做过多年的记者、编辑、制片人，很坦然地说，随便，你可以问一切问题。

于是，我们就中菲问题有了下列对话：

问：中国与菲律宾之间发生南海争端，菲律宾人游行，高喊中国人“滚出去”，我的问题是，从外交角度上看，中国应该如何提升在菲律宾人眼中的形象？

答：这是个非常有趣的问题。我的专业就是冲突管理。你知道，冲突是人类相处模式之一，无论何处，从理论上来看此事，都会有人处于争端之中，这是很自然的事情。然而当争端导致暴力或冲突时，事物就转变为坏的或不自然的，因此最关键的是如何对待普通争端，解决它，以和平的方式去处理它。公共外交可以做的就是创造一个健康的、基础的、富有弹性的机制。因此当危机或不同见解发生时，你有一个能够依赖的信赖机制。任何两个社会的冲突都会以“你进我退”或“我进你退”的探戈方式解决，但是他们能否回到某种程度的互相理解是个未知数。当争端升级时，你能够有这个弹性机制将冲突级别降低。因此国家需要的是一个相互信任、自信的“安全网”，当国家间出现争端时，我们能够有据可依。

你如果仔细看，就会发现问题和答案之间似乎有关系，又似乎没关系，这就是各国职业外交官的标准做法，美国人也不例外。这种放之四海而皆准的回答，大家都喜欢。

说起南海问题不够直率，但谈到自己所负责的公共外交，索南沙因副国务卿还是展现了其多年积累的专业技能。我一直认为，公共外交是让其他国家的人喜欢自己的国家，并且传递自己国家的价值观，这是公共外交的最高目标。

索南沙因女士的回答让我对公共外交有了更深的理解。她说：用

“理解”比“喜欢”更为恰当。你有你个人的生活故事，你的个人经历、叙述模式、观点、经验、洞察力以及你对你个人以及你们文化的理解。公共外交是人与人之间进行文化阐释、相互理解的工具，我并不认为我们能够对所有事情达成共识，我们甚至不会喜欢同一种事物。但是如果我倾听了你的故事，我倾听了你的经历，如果我理解了你的背景、你的文化，以及你的参考体系，那么我们之间就会进行交流对话，个人的，或者是虚拟的，至少我能够从你的行为方式中学到一些知识。因此我认为“理解”比“喜欢”更加重要。

这话倒不是官话，而是有些学术化的实话。国家间的交往，肯定不是政府官员的会晤可以搞定的，肯定需要政府与公众间、公众与公众间的密切交往。在这个交往过程中，不同的文化相互交融，不同文化背景的人相互理解。

喜欢与不喜欢，更像是情感表达方式，在国与国的交往中，过分的感情因素是靠不住的。新中国成立后，苏联是中国的老大哥，但哥儿俩很快便分道扬镳，甚至在珍宝岛兵戎相见；中国和朝鲜是共同浴血奋战的同志加兄弟的友谊，但中朝之间的怀疑和误解一点儿也不比其他国家少；中越在共同抗美的蜜月过后，很快便成为仇敌。

无需举太多的例子，就像《投名状》里所阐释的，兄弟是靠不住的，喜欢是靠不住的。君子和而不同，是各国之间交往所需遵循的守则。

理解，需要沟通。2011 年，中国共有 16 万留学生到美国学习，成为美国第一大留学生源国家，美国也在加快签证、入关办理的速度，帮助更多的中国学生去美国。同时，通过“十万强”计划，我们也尝试着让美国人来到中国。索南沙因相信，通过最能够增进感情的公共外交和公共交流才能双向流动。

她举例说，她接见了10名在中国学习的美国高中生，他们只有十五六岁，远离家乡一年，对于这些年轻学生来说，这将会成为改变生活的一次体验。他们绝不会再用与以前相同的方式来看待世界。当然，对于在美国读书的中国留学生来说，他们也绝不会再用相同的眼光看待世界。

美国“第一夫人”外交那些事儿

2014年3月20日，美国“第一夫人”米歇尔将带着母亲和一双女儿，开启单独的访华之旅。此次访华，是米歇尔的第三次单独正式出访。

在米歇尔的访华团队中，并没有自己的丈夫奥巴马，而是自己的两个女儿玛丽亚和萨沙，还有她的母亲——76岁的玛丽安·鲁滨逊。

中国国家主席习近平的夫人彭丽媛陪同米歇尔走访一所中学，随后陪同她参观故宫。两位夫人还共进私人晚餐，并观看演出。

“第一夫人”角色不是官职，并无定数

米歇尔单独访华，属于史上第一次，让公众对“第一夫人”这个词倍加关注。

“第一夫人”的称谓，起始于美国首任总统乔治·华盛顿的夫人玛莎。总统制国家的总统夫人、议会内阁制的总理或首相夫人，均被称为“第一夫人”。

“第一夫人”并非官职，世界各国也没有在宪法和法律上明确“第一夫人”的角色。她们在内政外交中发挥什么角色，以及在某种角色上发挥到多大程度，完全取决于最高领导人的授权。打个不恰当的比方，

"第一夫人"能扮演多大的角色全要看"第一家庭"的夫妻关系如何。当然，国家最高领导人会根据国家内政外交各方面的反应和效果，随时扩大或取消对"第一夫人"的授权。

因此，"第一夫人"扮演的角色变化很大，并无定数，美国也是如此。

比如说，美国第二任总统约翰·亚当斯的妻子阿比盖尔·亚当斯，从居家型女主人身份上往前迈了一步，成了亚当斯的政治参谋。这或许与白宫有关，美国第二任总统一家，是第一批入住白宫的主人。到了1929年美国第31任总统胡佛时，"第一夫人"露·胡佛成了第一位在白宫发表电台讲话的"第一夫人"，早于美国历史上著名的罗斯福"灶边谈话"。之后，罗斯福总统又造就了"第一夫人外交"的最高峰。

总之，历史上的"第一夫人"的形象千差万别，有像美国前总统肯尼迪夫人杰奎琳那样充满女性魅力的，也有像法国前总统萨科奇夫人布吕尼那样绯闻不断的，还有像抗日战争期间的宋美龄那样可以全权代表蒋介石出访美国的。从在外交上的作用来看，"第一夫人"既可以成为国家首脑从事外交活动的"左膀右臂"，又可以是本国政府推进公共外交的"形象大使"，还能成为连接本国与外国社会的"桥梁纽带"。总之，如果运用得法，"第一夫人"对于国家对外关系的发展和国际形象的提升会有很好的作用。

最活跃、最具影响的当属克林顿夫人。希拉里·克林顿1992年至2000年跟随丈夫克林顿入主白宫，成为美国"第一夫人"。其间，她的身影出现在全球各个角落。这位女强人担任"第一夫人"时频频随丈夫出访或单独出访，日程很紧，这也为她日后担任国务卿打下了良好基础。

肯尼迪夫人“让全球豹子大幅减少”

米歇尔访华，是美国首次单独让“第一夫人”访华。之后习近平主席在海牙见到奥巴马总统，还笑着说你夫人托我向你问好。展现了“第一夫人”访华之后两国领导人的家庭之间愈加亲近的关系。

“第一夫人”独自进行外交访问的传统，由美国第32任总统富兰克林·罗斯福的夫人埃莉诺·罗斯福开启。作为国际红十字会的代表，埃莉诺在第二次世界大战期间独自前往英国、爱尔兰和美国位于太平洋的各个基地访问。

此后，独自外访渐渐成为现代美国“第一夫人”的重要礼仪和职责之一。但“第一夫人”外访的重要性逊于总统外访，而访问的话题也集中在医疗、教育和女性权益方面。

20世纪50年代，艾森豪威尔也曾将夫人玛米推至国际舞台，只不过是利用美国家庭的厨房来驳斥共产主义的意识形态。

他的后继者肯尼迪在夫人外交方面技高一筹，他的夫人杰奎琳·肯尼迪给世人留下了深刻印象。

20世纪60年代的巴黎街头，当杰奎琳穿着别致的法国时装出现时，立马成为法国公众和媒体的宠儿。她出访途中的每一次打扮都被竞相模仿，成为20世纪60年代西方妇女的时尚偶像。1962年访问挪威期间，杰奎琳身穿豹纹大衣亮相，从此引发豹纹“狂潮”，有杂志称“全球的豹子数量该大大减少了”。

除了时装秀，她还公开展示其对欧洲音乐、历史、文化的关注，精心布置白宫和各种外交礼仪场合；她精通多国语言，并能和不少重要国家的领导人直接对话，拉近彼此间的好感；她还小心翼翼地平衡“时尚”和“国家形象”间的关系，让自己既光彩照人，又大方得体。这在美苏争霸的背景下，都可以给美国加分。

根据白宫的数据，近 20 年来，从希拉里、劳拉到现在的米歇尔，单独出访的次数达到了惊人的 37 次。希拉里任“第一夫人”期间，曾 20 次独自出访了包括南非、波黑在内的许多国家和地区。劳拉·布什在接过“第一夫人”的接力棒后也曾先后 14 次单独出访。米歇尔·奥巴马也将在不久后来到中国，开启她的第三次单独访问之旅。

总统夫人出访，也是代表国家，每一处行程，每一句话，都非同儿戏。

美国专门研究“第一夫人”行为的学者迈拉·古廷说，总统夫人们形象已经固定，她们在政策问题上的言论总是没有坏处。美国历任“第一夫人”之所以积极参与外交事务，是因为美国社会已经将她们定型，需要她们充当外交中的润滑剂。

“夫人们说的每一句话都一定是经由总统批准过的。”华盛顿大学历史学家艾力达·布莱克将“第一夫人”定义为总统的发声筒。虽然被指为润滑剂和发声筒，但美国“第一夫人”们在单独出访时从来不谈政治：奥巴马夫人谈教育，克林顿夫人和布什夫人特别强调妇女问题，肯尼迪夫人喜欢触碰人权问题。

“第一夫人”出访是公共外交的组成部分

“第一夫人”们开辟了外交的新空间，同时也定义了公共外交的新内涵。

她们所推动的公共外交，不仅包括与外国民众的交往，还包括赢得本国民众对政府的好感和支持。技术的发展已经大大改变外交的形态，创造了一个全球交往的空间，在这个空间中，社会成为交往的主体，政府在一些“高级政治”领域中依然拥有垄断权力，比如与中美夫人外交同期进行的是全球核安全峰会，习近平和奥巴马都要出席。在一些软性话题，教育、医疗、环境等领域，社会才是真正的参与主体，因为这关系到每个人的日常生活，对多数人来说，生活才是他们的全部或最重要的部分。

清华大学赵可金教授认为，“第一夫人”扮演的角色有三个方面。

第一，平衡女性和首脑的关系，扮演首脑外交的左膀右臂。“第一夫人”作为国家元首的助手或者陪同者的角色，有时候作为夫人的陪同角色或者助手的角色，这种情况下强调的是文化和了解的软沟通，可以起到一种为首脑外交补台和呼应的效果。

第二，平衡作为国家和社会的角色，扮演国家公共外交的形象大使。国家究竟以什么面貌体现在国际舞台上。仅靠最高领导人传递可能是不够的，最高领导人一般是男性，代表的往往是国家男性的那一面，毕竟这个国家有女性的群体需要传递。在国际舞台上“第一夫人”反而是国家的首席的形象大使，是一个国家形象的名片和天然的代言人。

第三，平衡女性角色与社会角色，扮演民间外交的“桥梁纽带”角色。在很多场合下，“第一夫人”是独立承担起公共外交的角色，比如代表第一领导人单独出访，出席一些重大的国际文化活动的开幕式和盛会典礼，呼吁全社会关注一些弱势群体，倡导慈善、环保和人道主义关爱等议题。尤其是作为女性，“第一夫人”往往更多扮演与女性相关的角色，替代最高领导人起到“母仪天下”的效果。

米歇尔访华，就是这么做的

为了能够更好地给中国孩子讲故事，米歇尔提前做了充分的准备。

访华之前，米歇尔特意访问了一所教中文的学校。在六年级的课堂里，学生们教米歇尔说了几句可能会用得上的中文：“你好”、“我的名字是米歇尔”和“再见”，还有一名男孩建议要会说“厕所在哪儿”。

当然，回国后，她肯定会忘记这些词，这也无妨，通过大众传媒，她的亲善已经留在了中国，公共外交的目的已经达到。

美国外交的三大特点

2015 年 8 月 20 日，和赴美留学归来的加藤嘉一先生参加在张家口举办的察哈尔和平论坛，聊安倍的 8・15 谈话，聊九三阅兵安倍是否会出现在观礼台上，聊中日关系的现在、过去和未来。

对于加藤嘉一中国人都很熟悉。我感觉，他赴美三年成熟了，无论是学术水平还是宏观视野，都大有进步。更重要的是，刚过而立之年的加藤桑，心态越发坦然。

我们的谈话乐视网直播，许多媒体记者朋友在场，因此都在敏感问题的表述上颇为谨慎，在此略过不写。另外，关于这些话题我说的不少，也写的很多，不赘述。今天想跳出来从美国的角度谈下，美国对东亚格局到底产生什么影响，扮演什么角色。首先，要从美国外交的特点谈起。

第一，美国是世界老大，是世界警察，要做全球秩序维护者，要保证老大的地位，从这个角度来说，任何有希望成为二把手的国家都是它的潜在竞争者，或者要灭掉的对象、要遏制的对象，在古罗马以及历史上很多国家都是这样，美国对于中国遏制的原因就是中国已然是世界第二，至少 GDP 是如此。从这个意义上来说，美国在东亚不是一个和平的稳定因素。

第二，美国的特点是全球的商业帝国，美国是一个商业国家，要在全球做生意，只要能让他做生意，一切都好说。比如说，沙特尽管是独裁政体、封建君主制度，但这没有关系，只要能做生意两国关系会很好。从这个意义上来说，他又是一个稳定因素，因为只有世界稳定，美国才能够在全球范围内推销自己的商品和文化。

第三，美国做事的逻辑。美国的外交特点是理想主义跟现实主义交替，一会儿理想主义强一点，高举民主人权的大旗，一会儿现实主义强一点，对于自己的利益做出过激的反应，对于中国也是很复杂的心态。以前小布什总统总是说中美关系很复杂，这个特点决定了美国对东亚局势的态度，即不希望中国或者某一个国家做大做强，即便不是中国，其他国家特别强大也不行。20 个世纪 80 年代的时候，日本崛起，吵着买下美国，于是美国通过广场协议打压日元。也就是说，作为一个大国，维持地区的稳定，必然要在几个国家间进行平衡，谁是出头鸟就打谁。

美国为了防范中国的崛起，不仅仅是加强日美同盟，同时加强了东南亚关系，甚至把印度、澳大利亚拉过来结成“民主之弧”，形成对中国的遏制。

如此看，美国对亚洲和平的影响呼之欲出了。一方面，它是点火者，另一方面它也是灭火者。战争总要有导火线，导火线掌握在美国手里，可以把风险烧起来。比如说中日之间钓鱼岛问题，是美国把钓鱼岛交给日本的。但同时，它又是秩序维护者，等风险或危机增加的时候就调控。

但是，玩火者必自焚，现在美国也面临一些麻烦。下一步怎么做，考验美国在亚洲的执行能力。当然，中国也要有所作为，积极应对来自美国的压力。

请不要仇恨日本

每到9·18这一天，沈阳等地会鸣笛，纪念国耻；同样，12月13日南京大屠杀的纪念日，南京也有类似的纪念活动。

这，都是必需的。记住历史，不让历史重演，不仅是对中国负责，也是对日本，乃至对世界负责的态度。记得在德国首都柏林的大屠杀纪念馆的出口，写着令人印象深刻的几个字：这些曾经发生，它也可能再次发生。

然而，纪念历史、尊重历史的背后，要有向前看的理性态度，而不是用仇恨武装自己的头脑。

记得罗永浩在新东方的段子讲了这么个事儿。老罗讨厌日本，说中国"不幸和豺狼做了邻居"。有学生听了老罗的课去投诉，说他在课上宣扬反日情绪，后来老罗很认真地在课上纠正说不是反日情绪，是仇日情绪。

后来老罗去了一趟日本，回来说了一通日本的好话，结果被骂成了媚日，被当成了投机分子。

仔细想想，仇日仇的是什么呢？

这可以有两种解释，一是仇恨日本，二是仇恨日本人。日本作为一个国家或民族，很容易被描述成仇恨的对象，可这种仇恨有些虚幻。对一般的日本人，似乎并没有多少人特别仇视，充其量是对几个政客的言行的讨厌或反感。

现在中国社会对日本的仇恨有多大？从各电视台播放的抗日神剧观察，可能很严重。可你看看那些看电视的人，就会发现在连篇累牍的轰炸下，其实没有太大的国仇家恨在里面。这些仇恨在多数情况下没有在现实中反映出来，但在特定的时刻，比如说涉日游行，这种集体的仇恨会迸发出来，出现砸日本车那样的行为。

我觉得，任何人都可以有权不喜欢任何人或事物。面对一个美女，一个男人可以不喜欢；面对一个国家，当然也可以有人不喜欢。就像巴西和阿根廷，总会揶揄对方，取笑对方，比赛的时候给对方鼓倒掌。像荷兰，每逢有德国队的比赛，总希望德国被灭掉。

不喜欢无妨，没有必要让仇恨填塞自己的心灵。仇恨无法解决任何问题，也无法让自己安静。

个体的仇恨，对身体无益；而集体的仇恨，会引发癫狂行为乃至战争。

网上总有人喜欢说“中日必有一战”，一副雄赳赳、气昂昂的样子，这么说，简直是祸国殃民。

自古兵乃凶事，此理认同者多。可一说起日本，理性也容易变成非理性。一个流行的观点就是，美国击败了日本，所以日本佩服美国，听美国的话；要想让日本尊重中国，需要和美国一样打败它一次。

其实不然。获得尊重，最重要的在于自身，需要不战而屈人之兵。我觉得，当北京的空气质量比东京好，当中国人的幸福指数比日本人高，当中国的义务教育水准超过日本，当中国的腐败程度低于日本，中国就战胜了日本。

所以，如果心里充满对日本的仇恨，请放下吧。别恨日本了，理性看它的优点和缺点，好的学，坏的批，同时，做好自己的事，比啥都好。

日本解禁集体自卫权意味着什么

2014年6月27日，日本安倍政府提交了解禁集体自卫权的内阁决议案，如果得到执政的自民党和公明党认可，安倍政府计划于7月1日正式通过该决议。

根据日本政府对宪法第九条的解释，日本行使自卫权仅限于本国直接遭攻击后作为反击的“个别自卫权”，且需同时满足三个条件，即日本遭到紧急不当的武力侵犯、没有其他合适手段可以排除侵犯、武力行使控制在“必要最小限度”。

安倍政府提交的这份决议案，规定与日本关系密切的国家遭到武力攻击、从根本上对日本国民的生命和权利形成明确危险的情况下，允许日本行使“必要最小限度”的武力。

换言之，以前日本只能在遭受侵略时予以反击，且不能滥用武力，解禁后它可以先发制人在自身没有遭受侵略时“先发制人”，动用武力。

这将是战后日本一个历史性的转折。

“先发制人”的条件有两个：一是与日本关系密切的国家遭受攻击，二是给日本带来危险。值得推敲之处在于，这两个条件如何解释。

这里的关系密切，通常指日本的盟友，实际上和美国关系最大，而日本解禁集体自卫权美国也是实际上的受益方。从根本上对日本国民的生命和权利形成明确危险，也是一个模糊的标准，政府可以根据自身需要予以解释，操纵民意。

解禁后，日本可以在公海协助保卫美国的商船，可以拦截可能打向美国的弹道导弹，可以在国际维和行动中使用武器，可以给盟友提供后勤支持并使用武器。

上述几条，是安倍的军事智囊和美国同行交流时提出的，意在告知美方解禁给美国带来的好处，美国智库在日本的影响下，就此好处进行了分析和研究。也就是说，日本解禁得到了美国盟友的首肯和支持。

这意味着，美日同盟在军事领域强化。美国在实力下降的时候重返亚洲，需要一枚棋子。这枚棋子既需要有一定实力，又需要听话，像菲律宾这样听话却没有实力的不行，像越南这样有实力却不合作的也不行，因此日本是最佳选择。

这意味着，日本自卫队可以走出国门，如果美国和俄罗斯发生冲突，如果美国和中国发生冲突，它可以依据有关法规参与行动。甚至，日本如果愿意可以为菲律宾出头，也可以在朝鲜进行核试验时发动突袭。

有评论倾向于此举针对中国，客观上毫无疑问是这样的。但它背后的刺激与其说是来自中国，还不如说来自日本内部。

在日本内部，从20世纪70年代起就酝酿就集体自卫权问题突破战后体制的桎梏。日本理论界从联合国宪章开始研究，认为这是每个国家的权利。这些年随着不同领导人的登场，在这个问题上有急有缓、有退有进，但整体而言是向前推进的态势。安倍这一棒，即将完成冲刺。

也就是说，作为一个经济上的大国，日本希望成为政治大国和军事大国，但它的核心是不能或不敢挑战美国。只有它的诉求和美国的诉求相一致时，才可能达成所愿。如今这个条件似乎已经具备。

障碍在于，美国虽然“放虎出山”，但也给日本这只老虎绑了绳子。另外，日本令人悲观的经济未来能否支持它的野心，也令人怀疑。

无论如何，为了实现这一目标，日本政府需要在外部树立一个威胁，以前朝鲜是威胁，而今中国是威胁。

即便如此，解禁的民意支持度也没有过半。今年4月，《朝日新闻》的调查显示，63%的人反对解禁。这几天，甚至有日本人自焚以示抗议。

从改变武器出口三原则，到解禁集体自卫权，再到对历史问题的一再否认，安倍政府越走越远。整体看，这意味着安倍政府缺乏正确的历史观和战略家的责任感。对于一个国家而言，最大的悲剧莫过于做和自身力量不相称的事，日本二战时便是如此，而今，有重复这一道路的危险。

日本能成为正常国家吗

2015 年 5 月 14 日，日本政府在临时内阁会议上通过了与行使集体自卫权相关的一系列安保相关法案，其中包括 1 个新立法和 10 个修正法。新法案为《国际和平支援法案》，10 个修正法则统一打包为《和平安全法制整备法案》。

此举，为日本向海外派兵打开了方便之门。这些法案名为“和平”，却被称为“战争立法”。

就此，我 5 月 19 日应邀到东方卫视《环球交叉点》节目做客，讨论日本到底想干什么。大家讨论日本下一步要修宪、企图成为正常国家时，我提出了一个问题，日本能成为正常国家吗？如果不能，满足了什么条件后它才能成为正常国家？

在日本酝酿“战争法案”之际，在日本自卫队即将可以依法走向全球之际，在中日关系剑拔弩张两年不见缓解之际，谈“日本可以成为正常国家”这个话题，似乎有点儿冒天下之大不韪。可凡事都要讲逻辑、讲道理。从理论上说，任何国家无论大小都应该一律平等，都可以成为正常国家，没有例外。

可是日本为什么例外？原因很简单，因为它是二战的发动者，犯下了许多反人类的滔天罪行。后来，美国派兵占领日本，给了它一部宪法，打造了日本的民主体制。同时，日本也成了美国的小兄弟，让渡了外交自主权和保留军队的权利。按照最初的设计，日本等于是把国防“外包”给了美国。可由于朝鲜战争的爆发，美国需要日本的支持，于是日本的地位上升。虽然名义上不能拥有军队，可日本自卫队整体素养、装备都比较优良，作战能力较强。虽然总体人数不多，但实力与美国以外的任何国家相比都不弱。

也就是说，在军事领域日本有两点不正常。一是在日本还有外国驻军，这对自尊心极强的日本而言终归是个耻辱，而不是荣耀。二是自家的军队不叫军队，叫自卫队。不过只是叫法儿不同，本质上与其他国家的军队没什么区别。

在美国大兵的安全庇护下，日本实现了经济腾飞。因此日本现在谋求的，是想从单纯的经济大国成长为政治大国和军事大国。

从 20 世纪 70 年代起，“日本崛起”就成了日本政界的诉求之一，“买下美国”的举动也一度让美国人感受到风险，意识到小兄弟要逆袭了。于是乎，20 世纪 80 年代，美国用“广场协议”把日本打回了原形。之所以日本要签署这个不利于自己的协议，原因就在于“人在屋檐下不得不低头”，在于日本并不是一个在外交上能够完全独立自主的正常国家。

近日，美日同盟达到了历史新阶段，日本在美国的支持下获得了自卫队进行全球活动的授权，从表面上看，日本是朝“正常国家”又迈出了一步。但实际上，美国才是最大的受益者，因为这意味着日本需要尽更多义务。今后，不仅仅是美国保护日本，日本也有义务给美国大兵运炮弹、挡子弹。也就是说，这对日美同盟的加强是好事儿，对美国是好事儿，但对日本成为外交大国和政治大国帮助不大。

那么，为什么说日本还不能成为正常国家呢？

一方面，日本战后确实是国际社会的模范生，经济迅速腾飞，社会稳定。通俗地说，日本人民通过自己的辛勤劳动过上了幸福生活，没有输出饥饿，也没有输出战争，是个好学生。但是另一方面，日本在对历史问题上的态度，给人的感觉是，这个学生虽然表面上规规矩矩，但似乎老让人想到他还惦记着回到以前调皮捣蛋时候的样子。在历史问题上，日本绝对不是一个“合格生”。修改历史教科书、参拜靖国神社、否认南京大屠杀、否认征召“慰安妇”等，日本右翼政客的所作所为，怎么能让饱受日本军国主义铁蹄蹂躏的邻国认可日本“走向正常”？

如今，否认侵略历史的日本，在安倍政权的运作下，急于突破“和平宪法”的束缚，在向海外派兵问题上获得突破，让日本在“事实上”成为正常国家，这就更让人不得不对日本的用意提高警惕。

下一步，安倍的重点是修宪，之后，日本将会全力谋求成为安理会常任理事国，逐步实现它的正常国家梦。

前些年，日本花大力气争取在联合国“入常”，最后却“竹篮打水一场空”。对此，日本右翼政客并没有接受教训，他们认为时间可以改变一切，而无需在历史认识问题上取信于亚洲邻国。中国有一句老话，“解铃还需系铃人”。如果日本不能在历史问题、领土问题上表现出足够的诚意，不能用实际行动彻底斩断与军国主义的血脉粘连，那么，日本的正常国家之想就只能是个梦。

我们要客观看待日本

2015年，中国纪念抗战胜利70周年。9月3日，北京举行盛大的阅兵式，多国领导人出席，这成为万众瞩目的大事。

中国筹备盛大纪念仪式的同时，日本并没有闲着。美日同盟强化，新安保法案通过，让日本朝政治大国和军事大国迈出了重要的步伐。

70周年纪念，本应是双方握手，共同为逝者祈福、共同为和平的未来祈祷，就像法国和德国所做的那样。可事与愿违，历史的伤痕不仅没有愈合，反而在70周年之际有崩裂的态势。

这不是历史的必然。遥想20世纪80年代，日本人心中的中国人是勤劳、勇敢、诚实的，而中国人看的是聪明的一休、阿信，崇拜的商品是三洋、东芝。时过境迁，厌恶增加，好感减少，矛盾激化，共识减少，就像一对恋人相识相知之后反而越走越远。

此时此刻，谴责安倍很容易，谴责日本执政党很容易，谴责日美同盟意在遏制中国也很容易。困难之处在于，如何在愤懑、不满、矛盾中，客观地看待日本。

要客观看待日本，有三个问题需要深入思考。

第一，现在的日本是军国主义吗？对此，我在微博上发过这么一段话：数万日本民众不满新安保法案，跑到首相府前面示威，日本官方没有采取措施驱赶，这至少说明今日之日本不是军国主义。

当然，这样的话在微博上会遭遇围攻，对此我有所准备。客观地看，美国在自身实力衰落的情况下，拉着日本在亚洲乃至全世界发挥更大的军事和政治作用，安倍为代表的右翼集团抓住机遇，顺势而为，从法律层面解决了世界范围内派兵的问题，从而让和平宪法形同虚设。

但这不等同于日本走向军国主义。军国主义是个特定的语境和历史概念。它的根本是从娃娃抓起，灌输忠君报国、为国牺牲的理念，显然，日本的教育不是这样的，它培养出大多数国民，是理性的，是寻求幸福生活的，而不是为了国家的强大而牺牲。

日本走向军事大国和政治大国，是成为经济大国之后的必然诉求，只是因为它在历史问题上不像德国那样深刻反省并道歉，从而使得这一诉求缺乏道德上的合法性。

需要清醒认识的一点是，中日在政治、军事、经济、文化等多方面在亚洲都是竞争关系，这是事实，历史牌早晚都要失效，日本要研究如何应对崛起的中国，而中国也要研究如何应对寻求成为正常国家的日本。

第二，中国人纪念抗战胜利是为了仇恨日本吗？许多人说起日本来充满仇恨，并以此为豪，我愿意冒着挨板砖的风险大声说不应该是这样的。中国纪念抗战，是为了宣扬胜利精神。鸦片战争以来，中国几乎每战必败，民族自信心丧失殆尽。及至今日，依然是弱者思维，别人说几句就暴跳如雷，缺乏自信。纪念抗战胜利，就是让胜利的思维模式深入人心，而不是增加对日本的仇恨。以史为鉴，面向未来，应该是永不变化的主旨。

第三，中日必有一战吗？对于中日必有一战的说法，很多人抱赞成态度。这些年每逢中日关系陷入低潮或钓鱼岛出现危机，总有人喊出这句话。兵者凶器也，当中国人在70周年之际阅兵展示威严和实力的时候，其实质是为了和平与和解。很简单，通过战争拿到的东西，也会通过战争失去。日本是二战的失败者，可战后它的深度和平，它的经济奇迹，它良好的教育文化水平，让通过战争失去的东西都以和平的方式拿了回来。如今，日本要富国强兵，中国也在崛起，但两国的竞争应该是和平的、多元的，甚至可以是协作的，不是零和游戏，不是你死我活。

其实，这些都是老生常谈，不是什么新理论。当年毛泽东、周恩来、邓小平等老一代领导人提出的搁置争议，今日依然在理。

很多大道理可以不讲，有些小事却可以做。比如说，日本援建的中日友好医院，被中国的卫计委以规范简称为由去掉友好二字。其实，这就小家子气了。即便中日关系不睦，中日友好医院的友好也不要去掉。70周年之际，更要客观看日本，不要啥事儿都扯上仇恨的种子。同时，对于日本民众反对安倍的行动，要大力支持，九月份拒见安倍，不给他得了便宜还卖乖的机会。

总之，说友好，不是罪，对安倍要硬，对日本民众要软。

中日关系的过去、现在和未来

我们常说，以史为鉴，面向未来。仔细看看中日关系的历史，或者可以照见一个更清晰的未来。

中日历史问题的博弈

二战之后，中日没有官方交往，对日本历史态度问题的博弈，要从1972年建交说起。

1972年，在周恩来总理为日本首相田中角荣举行的欢迎宴会上，田中代表日本政府对过去日本政府“给中国人民添了麻烦”表示歉意。当日本翻译说出“添了麻烦”这句话时，宴会厅里马上发出了“嗡嗡”的议论声，大家觉得这个说法太轻飘飘了。

第二天正式会谈的时候，周总理严正地向田中指出了这个措辞的问题。后来，在《中日联合声明》前言中还特意这样写明：日本方面痛感日本国过去由于战争给中国人民造成的重大损害，表示深刻的反省。

同样是在1972年的谈判过程中，中方表示放弃战争赔偿，理由是战争是日本军阀发动的，不应该让日本人民来承担。在钓鱼岛问题上，双方则搁置了归属。

这样，中日迅速建交的同时，也埋下了隐患。

及至1978年邓小平访问日本，气氛非常友好，谈到钓鱼岛问题时，邓小平表达了搁置争议、共同开发的想法，还说我们这一代或许不是足够的聪明，想不出办法，问题可以交给下一代解决。

随之就是20世纪80年代中国的改革开放。前几日我和日本《产经新闻》前记者福岛香织聊天时，她说，那个时候在日本人眼里中国就是大熊猫的国度，很落后，很贫穷，但很可爱。

胡耀邦访日，提出邀请3000日本青年访华，从而把中日友好推上了一个高潮。负责接待3000日本青年的秘书长，就是前总书记胡锦涛。后来这些人回访中国时，我曾跟随报道，胡锦涛接见了他们。其中一位日本朋友告诉我，当时访华的一位日本明星过生日，胡锦涛还送了礼物。

1989年之后，日本是发达国家里面第一个和中国恢复正常关系的国家。

江泽民总书记访日，是中日关系的第一个转折点。因为韩国得到了日本的官方正式道歉，中国也想效仿之，但没有成功，随之开展了一系列针对日本的爱国主义宣传。

小泉纯一郎担任日本首相后，一开始还到卢沟桥的抗战纪念馆参观，但后来由于参拜靖国神社，中日陷入政冷经热状态。安倍第一个任期，中日关系扭转，开始破冰之旅，之后一度持续改善。民主党上台后，更是提出了“回归亚洲”的口号。

然而好景不长，因为钓鱼岛问题，中日再度紧张对峙。因为毒饺子、中国反日游行等报道，日本对中国的亲近感直线下降；反之亦然，中国对日本的厌恶度也达到近年的峰值。

当前中日关系的四个特点

随着中日政府换届，中日关系也进入新的一轮博弈。相较前任，安倍更加强硬，无论历史问题还是钓鱼岛争端，都摆出一副死磕的态势。中日不仅互相指责，还在世界范围内展开争取支持的竞争。

当下，中日关系有四个特点。

首先，中日的战略竞争态势没有变。亚洲长期以来是中国为主导的朝贡体系，中国独大；近代以来，日本脱亚入欧，实现富国强兵，称霸亚洲，开始给亚洲带来灾难。如今，中日两强并立，双方谁都不太适应。这个态势，可能会持续很长时间。

对此，中国人过于乐观，认为日本在衰退；日本人又过于悲观，过高估计了自身的衰退和中国的成长。这种思维方式的不同，极容易导致错误的认知和战略上的误判。

其次，日本的战略基石是日美同盟，而美国的策略则是重返亚洲，日本始终是美国全球战略的一个棋子。这个基本态势不变，中日关系就不会迎来根本的好转。

再次，日本国内整体右倾，随着经济的下滑，民族主义抬头，这迫使日本政坛整体向右转。修宪，便是明证。安倍晋三一直主张修改宪法第九条，并允许行使集体自卫权。2012 年 12 月 17 日，日本共同社公布的一份调查结果显示，在选举前进行的一次调查问卷中，454 名新当选的众议员中有 343 人赞成修改宪法第九条，比例为 75.6%，超过了全体 480 名议员的 2/3，达到了提案修宪的条件。

最后，中日相互不信任增加。日本，曾经给亚洲带来深重灾难，一旦废除和平宪法的关键条款，会向何处去，令人担心。而中国在崛起后，会做什么，也令外界担心。消除这种疑虑的方法，在中国国内，需要启蒙，需要建设人人富足的公民社会；而在两国之间，则需要保持高层领导、企业家、文化界人士的密切沟通，以及国民之间，尤其是青年人的交流。所幸，中日之间，这方面基础良好，只要继续强化，就算中日关系不能做到完美，也至少可以保持和平、理性的交往。

政冷经冷的冷和平

安倍上台，面临两件大事，第一是提振日本经济，第二是修复民主党留下的外交烂摊子。这两件事，都和中国息息相关。

经济增长，离不开投资、出口、消费者三驾马车。日本可以投资刺激，但随着高龄化、少子化，日本的消费难以提振，因此，增加出口才是日本经济振兴的真正利器。

增加出口，离不开中国这个新兴大市场。

日本舆论认为，日本经济走向衰退的重要原因之一是中日交恶使日本经济受到重创，日本引以为傲的制造业受到影响，汽车、电子等产品对华出口大幅下滑。安倍内阁要使日本经济摆脱困境，改善对华关系十分重要。

对于中国而言，新政的重要基础便是维持经济的增长，这需要日本的资金；环保、新能源领域，也需要日本的技术。我和一些地方政府官员、企业人士接触得知，由于担心中日就钓鱼岛开战，诸多合作项目停滞。

然而，中日双方都没有因为现实需求而放低姿态，这让认为经济合作可以减少国际纠纷的观点受到冲击。

日本企业开始认真考虑撤出中国，去劳动力更便宜的东南亚国家去发展。

这是因为，中日因钓鱼岛产生的争端，在两国民族主义者的压力下，双方政府都难以退让，甚至有擦枪走火的危险。客观地说，爆发战争的风险其实很小，因为当下的世界潮流，不是靠战争解决纠纷的时代；因为当下的中国和日本，谁都不希望运用这个最下下策的解决方案。

中日双方共同的难题在于，两国都出现了民族主义情绪的高涨，对对方的厌恶程度有增无减。中日双方面临的症结在于，能否用经济利益的锁链，挡住滚滚的民族主义洪流。

一句话总结当下的中日关系，那就是陷入政冷经冷的冷和平。

不要轻言中日必有一战

2005 年，我在日本爱知世博会采访时，日本馆的大屏幕上放中国军舰在东海出没的新闻，吸引了很多人的目光。如果说，在靖国神社、教科书问题上，日本还有不同派别的话，那么在领土争端上他们无疑是“一致对外”的。

也就是说，中日历史问题不会酿成巨大风险，钓鱼岛争端倒有可能导致擦枪走火，尽管几率很低，也不得不防。

然而，无论如何，不要动辄说中日必有一战之类的话，这是极端不负责任的言论。

从中国近代历史来看，每当中国快速发展的时候，就遭遇日本的“当头一棒”。甲午战争前，中国保守的“洋务运动”虽然有缺陷，但毕竟在增强国家实力方面有所进步，但日本在甲午战争中赌博式的一战，获得了巨额赔款和台湾，从此有了本钱。一个日本人写的近代史认为，中国的赔款给了日本进入纽约资本市场的机会，应该是中国的赔款对日本起到了举足轻重的作用。

再往后，中国在 1926 年到 1937 年有所谓的“黄金十年”，每年经济增长达 10%左右，但日本的全面入侵打破了这一进程，让中国付出了巨大的民族牺牲。

中国实行改革开放，国力稍有增强，日本就炮制“中国威胁论”，近代以来，日本习惯了在亚洲当老大，“卧榻之畔不容他人酣睡”，不愿意看到中国的崛起。总之，在东亚逐渐形成两强并立的过程中，日本不时会找些麻烦。

我觉得，中国急不得，和日本人相比，中国人是感性的人，容易激动，在外交方面，切忌如此，老百姓的情绪固然是爱国，但过于急躁往往会适得其反。

为什么急不得？因为中国现在军事，尤其是海空实力，还不如日本，日本更有美日同盟为后盾，有恃无恐，国家间的较量永远是实力说话！

有网友喜欢说“中日必有一战”，大抵指的是东海这边。我个人反对打仗，无论仇恨多少，相互憎恶多少，中日共存是历史发展的方向，谁想消灭对方都不合潮流，也不切实际。

中国对日策略得与失

中国对日有欣赏，有仇恨，有合作，有矛盾，但从战略的层面讲，似乎还缺乏长远的战略考虑和一以贯之的执行。

没有战略，却有策略。

中国对日本的策略有两个重点所在。其一，希望能拉拢日本为我所用，不让日本完全听美国的话；其二，经济上借助日本，获取投资、技术，保障就业。

可以说，拉拢日本是个遥远的、不切实际的梦。日本内部虽然也有独立自主的思潮，也有美亚并重的论调，但不是主流。美国对日本的掌控力和日本对美国的依赖性，让任何离间日美同盟的做法都无异于缘木求鱼，可想而不可得。

经济领域中日确实互补，但近年来中日即便在经济领域也是既竞争又合作的关系，中国的 GDP 超过日本，给日本的心理造成巨大打击，而 2014 年以来日本媒体热炒的话题之一，是按照购买力平价计算，中国的 GDP 已是日本的两倍。

随着人民币升值、劳动力成本上升以及政治对立等诸多原因，日本产业界已经逐渐开始向东南亚转移，经济对中日关系的牵引力在下降，但对彼此而言依旧不可或缺。

策略只能解决问题，无法构建长远未来。

中国如何定义日本，如何定义中日关系，应该是中国对日战略的基础。

对于中美关系，中国提出建设新型大国关系，在这个框架下，日本是美国的一个棋子，但并不是说中国对日就没有战略。

尽管日本民族主义抬头，但不应把日本看作敌人，可以看作战略竞争对手。中日之间最好不要发生战争，这应该是个常识，但也不要幻想中日之间回到 80 年代相互欣赏的境地。

鉴于此，中国对日的战略似乎并不复杂。那就是，继续发展，获取更大的相对优势，通过增强硬实力、软实力，让日本“仰视”，这才是解决中日矛盾的根本途径。

从战略的角度而言，中国的对日战略，其实就是搞定美国。搞定老大哥，小兄弟就老实了。

具体策略，就是维持斗而不破局面，保持适度压力。顺势而为，不刻意强求表面的友好，但遇到缓和的机会也不要放过。

在中国国内，需要启蒙，需要建设人人富足的公民社会，不应该情绪化看日本，也不应该刻意宣传仇恨日本；而在两国之间，则需要保持高层领导、企业家、文化界人士的密切沟通，以及国民之间，尤其是青年人的交流。唯此，方可从冷和平走向真和平。

换个角度看日美同盟

2014年奥巴马访日，日本煞费苦心，通过多方游说，让美国总统多住一晚，从而可用国宾礼遇高规格接待。而与此同时，总务大臣和150位国会议员参拜靖国神社，安倍首相本人也进献了祭品。

不知奥巴马总统作何感想。要知道，靖国神社的甲级战犯，也沾满了美军将士的鲜血。靖国神社，不止是日本和亚洲国家关系的问题，更是日美关系的现实写照。

每次日本政客参拜靖国神社，中韩两国无论政府还是民间都会强烈反弹并谴责，从小泉纯一郎到安倍晋三，莫不如此。

美国媒体也会谴责，但不像中韩一样激烈。给世人的感觉是，日本参拜靖国神社和美国关系不大。

其实不然。

提醒我这一点的，是一位日本朋友，一位资深学者。2013年12月26日安倍参拜靖国神社后不久，我和这位朋友共进午餐。他说，你不要以为安倍参拜靖国神社是对着中国来的，他的目标是美国。

乍一看，这样分析站不住脚，因为日本在钓鱼岛问题上有求于美国，根本没有任何政治上得罪美国的必要，因此透过参拜靖国神社向美国“示威”是非常愚蠢的行为。

如果仔细解读，深入分析，会发现并非如此。从外界看，日美是同盟国，日本是美国的小兄弟，在美国的帮助下实现了战后的持久和平和高速发展，可以说这是一对彼此需求强烈、有着重要战略互利基础的稳定伙伴。然而国与国之间没有永远的朋友，美日虽好，也不是牢不可破的关系。

首先看看，日本有没有反美情绪？答案是肯定的。因为美国驻日部队的军纪，两国争端不断。1995 年 9 月 4 日，3 名驻冲绳美军士兵强暴了一名日本女学生，在日本掀起轩然大波。各种群众抗议集会和游行接连不断，并从冲绳发展到全国，参加人数从数百人增加到数万人。日本各大报纸亦纷纷撰文，要求政府以此事为契机，修改不平等的《日美地位协定》。

这次抗议反映的是日美深层次的矛盾，实质是对战后美国所安排的秩序的不满。美国威尔逊中心亚洲项目主任罗伯特·哈撒韦认为，日本这股反美行为不是针对美国的具体政策和行动，而是日本国内潮流的反映。

其次，在经济领域两国也是竞争关系，互相提防。20 世纪 70 年代发生过日本的高科技公司派间谍盗窃 IBM 技术的丑闻，因为牛肉、大米进口等问题两国也不断较劲，日本连续多年的经济不振和美国逼迫日本签下广场协议也密不可分。

政治和经济互相影响，密不可分，外交领域也是如此。一个政治上不独立的日本，在和美国产生矛盾时，最终不得不屈服，这是必然的结局。有笑话说，美国人和日本人谈判，日本人事无巨细、一一用不太直接的语言表达，从不说是或者不是。最后美国人急了，给出最终要求，让日本人照办，日本人也无奈接受。

面对这样的结局，日本民族有着忍的精神，但不会一直忍下去，总会在某个节点爆发一下。因强奸日本女学生引发的游行是爆发，鸠山由纪夫担任首相时要求美军撤出普天间基地也是爆发。

更深层次的爆发是，行使集体自卫权，挣脱武器出口三原则的限制，酝酿修改和平宪法。这些是内部形势的趋势，是有着大国梦想的日本的必然反映。我相信，日本精英的心理深处，目标不仅仅是对着中国。

美国对此不可能不研究，不可能不知道。只是由于战略需要，在防止中国崛起和防止日本老虎出笼之间，美国谨慎地选择了前者。

为了应对中国，美国需要日本的帮助。奥巴马访日可谓各有所需，日本需要让奥巴马再次保证，美国会协防钓鱼岛，而美国的跨太平洋伙伴协定也离不开日本的支持。

有趣的是，日本在钓鱼岛问题上一遍遍地要求美国保证，这说明了其对于日美同盟的不自信。可问题是，即便奥巴马保证了，真实情况如何也未可知。奥巴马政府曾经说叙利亚政府使用化学武器是底线，可阿萨德政府用了，美国照样没有出兵。

美日有矛盾，属于“人民内部矛盾”，日本和中国有点像“敌我矛盾”，而中国和美国像是“夫妻矛盾”。钓鱼岛问题上，美国谨慎地支持日本，却也不想得罪中国，还是希望中日斗而不破。因此，奥巴马访日，给日本带去了一点安慰和口头上的支持，仅此而已。

美日演双簧中国不必神经过敏

2014年，奥巴马访日，在日方的一再要求和公关下，奥巴马同意延长行程，从而可以接受日本的国宾礼遇。对于日本的礼遇，奥巴马投桃报李，口头表示日美安保协定适用于钓鱼岛。

对于奥巴马访日，中国的关注力度颇高。一则因为美国总统的新闻在中国历来受到关注，二则因为奥巴马访日对于中日钓鱼岛之争会有重要影响。

关注可以，评论无妨，但对奥巴马的言行过度解读，甚至神经过敏，大可不必。

奥巴马访日三大议题：政治互信、经济协定和军事合作。这三个方面，有的中国无法改变，有的中国不必担心，有的中国担心也没用。

美日政治互信程度较高，作为美国的小兄弟，日本对大哥的忠诚度很高。美国在欧洲的支点是英国，而在亚洲的支点就是日本。有中国专家认为中国可以拉拢日本，中日携手让亚洲是亚洲人的亚洲，目前看这基本是个虚无缥缈的梦想。

这并非说美日同盟是铁板一块，日本也有反美情绪。因为美国驻日部队的军纪，两国争端不断。在日本，对美强硬的首相无一不是黯然下野，说明美国对日本政局的影响颇深。中国任何离间美日关系的图谋，都会有强大的阻力。但任何时候，争取并发展两国对中国的友好人士，都是有利的，都需要持之以恒地去做。

经济协定，即美国的跨太平洋伙伴协定。这方面美国迫切需要日本的支持。美国想绕开中国在亚洲另玩一套，日本是最重要的支柱。

对此，中国不必担心。美日经济也有矛盾，也是竞争关系，也互相提防。而中美两国的贸易额和相互依赖程度，也是美国所不能忽视的。这方面中国有足够的筹码和底气，而日本在对美开放市场方面却需要小心翼翼。

军事合作，即钓鱼岛问题美国的保证。就此，我在个人微博上写了两句话博得了赞同。我认为，奥巴马说日美安保条约适用钓鱼岛，别害怕。美国说了不算，签约才算，我打赌，美国不会把这条写进联合文件。这叫口惠而不至。

果然，奥巴马在接受日本媒体访问时又表示，提到要协防日本，这并不等于美国就钓鱼岛问题对中国划下了新的红线，因为美日安保条约早在 1951 年时已经签订，甚至比他出生的时间还要早。因此美国只是履行之前的承诺，美方从没在这个问题上改变过立场。

中美日的博弈，只是中国在崛起的道路上刚刚开始的游戏。这里面虚虚实实、真真假假都会有，纵横捭阖、谈笑风生也都会有，我们不必对某句话过分关注，更不要神经过敏，而是应该研究语言背后的深意和可能的走势，并进行预判，从而处于更有利的位置。

东北亚进入新冷战？

2015 年 4 月底，安倍访美，可谓出尽了风头。

美国国务卿克里在家里请吃饭，奥巴马总统在白宫摆国宴，参众两院联席会议演讲，而且还坚持了自己不道歉的底线。

讲讲话、吃吃饭，更多是做给外界看的，目的是告诉全世界日美同盟的亲密。与之相伴的还有其他声音。比如说，韩国慰安妇的抗议，《纽约时报》社论对安倍历史态度的批评。

任何国家的领导人访美，都会有不同的声音。从整体看，从日本的视角看，安倍这次访美是一次成功的访问、圆满的访问，把日美关系带上了一个新的阶段。

这个新阶段，如同美日开启了新的蜜月。

政治上，一向是美国当大哥、日本做小弟，这次不仅延续而且加强。民主党执政时，鸠山由纪夫首相曾想对老大哥狠点，要求美军从普天间基地搬走，结果导致自己下台，现在安倍算是认清了形势，知道老大得罪不得。我做客东方卫视《环球交叉点》栏目时就此评论说，这次访问，就是抱大腿之旅。

军事上，美日各有收益。美国要重返亚太，要实现亚太再平衡，在自身实力受限的情况下，需要日本承担更多责任。对日本而言，这正是成为军事大国千载难逢的机会。于是两国在修改防卫合作指针这个问题上一拍即合。两国防卫的范围从最初的保卫日本本土，扩大到周边，而今进一步扩大到了“全球范围”。防卫的对象，由最初的苏联，变成了今日的中国。

经济上，美国筹建TPP，和日本的谈判困难重重。安倍此次访美受到如此高的待遇，我相信是在这方面做了让步，在关键的农产品和汽车进口方面，给予了美国让步，从而换来了美国的高规格礼遇。从这个意义上，有评论说安倍的待遇是用钱买的，也不为过。

美日同盟强化的目标是谁？毫无疑问是中国。中国的应对方式是和俄罗斯抱团取暖。如果说安倍访美是美日同盟进入蜜月时代的开始，那么，习近平主席参加红场阅兵则标志着中俄关系迈上了一个新台阶。

如此看来，东北亚的局势，有点像一战以前欧洲同盟国和协约国的对峙，很多国际战略分析家对此忧心忡忡。而朝鲜，正是亚洲的巴尔干。

客观地说，这样的担心也不是杞人忧天。可当今局势和100年前大有不同。简而言之，全球化让战争的控制阀愈加难以开启，而核武器让战争的后果愈发严重，经济的一体化则让任何妄言战争的人都显得无知。

因此，不要轻言战争，不要夸大风险。日美同盟强化，并不意味着中美关系出现危机，这不是零和游戏。日本人其实特别担心中美走近而撇开它。美国在中日争端中，更愿意做一个调停者，它当然会偏向日本，但也不会一屁股坐在日本一边，帮日本人火中取栗。

更为关键的是，中国是在融入世界体系后得以发展的，更愿意做国际体系的建设者而不是破坏者。因此，东北亚局势虽然看似紧张，有新冷战迹象，但依旧是可控的、变动的。从这个意义上说，我们不必过于悲观。

哪个国家在中国和美国之间玩劈腿

特朗普真火。

即便是我访问韩国的这几天，也不时有人和我说起美国共和党总统候选人特朗普。韩国人所关心的是他的孤立主义言论。特朗普说过，如果他当总统，让日本和韩国自己管自己，造核武器也行。

我这次韩国之行是代表察哈尔学会参加济州论坛，并和韩国的智库专家同行交流。和韩国智库的几位专家聊起特朗普的事时，其中一位笑着对我说，如果美国撤军，中韩组成军事同盟，怎么样？对于这个大胆的提法，我当然觉得有些无厘头，只好来句外交辞令，说我们中国执行的是不结盟政策。

离开韩国时，从济州岛飞北京，机场几乎全是中国人，以及中国人推的满满当当的行李箱。韩国朋友开玩笑说，济州岛已经被你们中国人占领了，岛上中国人比韩国人还要多。我说，这很麻烦吧，以后中国人少来点儿吧。韩国朋友摆摆手说，不不不，多了好，可以帮助韩国经济。

这，或许就是韩国的现状。把安全交给美国，经济上又高度依赖中国。

一位韩国外交官曾和我开玩笑说，中国经济如果打喷嚏，韩国经济就要感冒。中韩贸易额，已经超过3000亿美元，超过了中日贸易额。北京望京、五道口的韩国人聚集区，也显示着两国交流的密切。

在大国之间寻求平衡，是国与国之间权力游戏的基本概念，但像韩国这样经济和安全截然分开的，却不多见。这有点像女孩交男朋友时“劈腿”，一边和美国好，一边和中国好。

这种平衡不好掌握，当朝鲜核问题生出是非时，中美产生龃龉，韩国处理起来不易。2016年2月开始，美国在韩国部署萨德导弹的计划，让中韩关系生出波折，在对朝鲜制裁方面，中韩也有不同看法。对于中国来说，要在韩国和朝鲜之间维持平衡；对于韩国来说，要在美国和中国之间维持平衡。

这本来就是权力的游戏。但如果特朗普真的当了总统，这个平衡有可能被打破，半岛问题的剧本就要重新换个编剧。我安慰韩国朋友说，你们别担心，特朗普当选的机会不大；即便他当选，美国也不会真的离开东亚，竞选说的话，当真不得。

从和韩国朋友的交流中，可以感受到韩国人的忧虑：一方面，担心中国经济下行影响韩国经济，这似乎已经在发生了；另一方面，担心美国在安全方面抛弃韩国，这在将来并非不可能。

最近，韩国经济不景气，这也导致朴槿惠政权支持率下降。韩国智库的分析认为，明年韩国大选，执政党下台的概率很大。美韩都将迎来新的领导人，他们在半岛安全方面怎么想，如何做，对中国也有较大影响。

对于中国，韩国的智囊们特别关心一带一路，他们希望中国的一带一路和韩国的欧亚倡议可以结合起来，推动经济发展。

当然，东北亚最大的变数还是朝鲜，无论它不停地宣布核试验或发射卫星，还是突然地崩溃，都将改变现有的平衡，对此中韩两国都很担心。中韩如何在朝鲜问题上更加密切地携手合作，不要被美国牵着鼻子走，才是东北亚和平的关键所在。

女人与政治

昂山素季访华那几天，北京的天蓝得出奇，蓝得诡异，帝都居民亲切地称之为“昂山蓝”，这位白衣绿裙的“民主女神”突然间为更多中国人所知晓。

昂山素季是将军的女儿，为缅甸的民主化而坚持和平斗争多年，缅甸在她的影响下逐步走出了军政府独裁的阴影。

同为“官二代”，韩国的朴槿惠已然被选为总统，对近邻日本美化侵略历史毫不妥协，巾帼不让须眉。

昂山素季和朴槿惠之外，世界各地还活跃着相当一批女政治家。

希拉里·克林顿试图成为世界上最有权力的女人。希拉里的劣势就是因为她是女人，美国人是否准备好了让女人当总统，还是个未知数。有分析人士打趣说，问题不在于她是女人，而在于她是老女人。年龄大，当然是劣势。像泰国美女总理英拉，美色也加分不少。

不过，千万别以为女人混入政界靠脸蛋儿。撒切尔夫人、默克尔等人，可是凭实力取胜。南美的巴西和阿根廷，也有自己的女当家人，也都是凭实力说话。2005 年，默克尔首次竞选总理时，我在德国。不解地问德国人，你们德国男人人高马大，尊重权威，怎么可能让女人来当总理呢？德国朋友笑笑说，你不知道，我们街上走路，带路的都是女人，男人跟着。

政治是阴谋的代名词，女人为何能在这个男人的阵地上获胜，是个值得研究的社会现象。

其实，这也没有什么新奇的，随着科技的发展，对智力的需求远远大于对体能的需求，男性的传统优势在减弱。不仅仅在中国，即便在西方，也是越来越多的女生考上好的大学。当然也不是所有地方的女性地位都提高了，在中东国家就无法想象女人当最高领导人。

上述这些国家或地区的女领导人，绝大多数属于民主国家。民主国家的政治，不是靠权力，不是靠阴谋，而是靠妥协和协调。即便是美国这样的对外强权国家，国内政治的本质也是妥协。而通过协调各方利益实现妥协，达成共识，是女性所擅长之事。

如果说民主国家的本质是妥协，那么独裁国家的本质是强权。强权不是女性的特长，只有当强权衰退，需要通过适度妥协来满足各方利益时，女性才可以崭露头角。比如说清王朝，慈禧太后虽然权倾天下，但她的工作是对内协调满族的贵族，对外协调满汉关系，更多的是协调者，而不是独裁者。当她去世后，庆亲王奕劻试图以强权打破既有的平衡，最终引发清朝的崩溃。可惜，慈禧太后没有受过西方教育，否则，真有可能像昂山素季一样，通过协调能力和坚韧，引清朝走上真正的改革之路。

昂山素季，是带领缅甸从独裁走向民主的关键人物，是用她的柔性和坚持来斗争的，应和了老子“弱者恒强”的理论。从某种意义上说，女人比男人更执着，对理想也更敢于抛弃一切去追求。因此，如果一个女人决心从政，最终会比男人更强大，因为她更加专注。内心专注决绝，对外善于沟通协调，这就是女人与政治最完美的结合。

第三篇　以色列的三大秘密

我所理解的欧洲精神

10月4日到13日，应凤凰博报和信孚研究院的邀请，我访问了德国、捷克、斯洛伐克和匈牙利，和几个国家的政界、商界人士进行了交流，对欧洲精神有了更多的体会。两个月前，应荷兰国际广播电台、荷兰在线的邀请，我访问了荷兰。我对欧洲的观感，和以前相比略有改变。

欧洲从希腊时代以来，历经中世纪的黑暗、文艺复兴和工业革命，又迎来两次世界大战。之后，又迎来了60多年的深度和平，欧盟也扩展到28个国家。

我一直认为，在经济发展、制度建设的背后，一定是精神层面起着决定性作用。因为国家选择不同的制度，是由文化基因和精神气质所决定的。我在波恩曾和几个俄罗斯流亡记者交流，他们打了个比喻说，俄罗斯人像是被关在笼子里的动物，习惯于有面包没有自由的生活，叶利钦来了说你们出来吧，于是大家跑出动物园，结果有了自由没了面包，正好普京来了，大家又跑回了动物园。

欧洲却不同，自由在欧洲人眼中非常重要。从法治角度，只要不违法，你干什么都行；从人与人之间的关系看，只要不妨碍其他人，你干什么都行。

我在阿姆斯特丹的街头逛的时候，身边走来走去的都是些奇装异服的男男女女，有男女牵手走路的，也有俩男生、俩女生牵手走路的，这是同性恋。

同性恋、吸大麻，这都是那里的自由，但他们不会妨碍别人。你要问路，他们都会笑着认真回答你。

2015年1月7日，法国漫画杂志《查理周刊》编辑部被恐怖分子袭击，12人死亡，引发了遍及欧洲的抗议风潮。

抗议者维护的核心价值，是言论自由，是表达的自由。

自由和法治分不开。荷兰的朋友和我介绍过，荷兰有体面法，对不能妨碍别人有着详细的规定。匈牙利的导游告诉我，他这么多年来没和人吵过架，因为大家各自过各自的日子，没什么可吵的。如果做了不合规矩的事儿，立即会有人打电话找来警察。

平等也是重要的欧洲精神。瑞典的国王下班后开车自己回家，他们的首相也是下班后挎着篮子到超市买菜，结果被一个疯子给一枪打死了，这种悲剧没有改变欧洲，欧洲的领导们依旧是没有那么大前呼后拥的派头，下雨依旧是自己打伞。在欧洲街头开车，违规就要被罚，不会管你是开着奔驰还是现代，也不管你是部长还是平民，法律面前人人平等。

第四个关键词是民主。你看欧洲国家这么多，也有经济表现不够好的。执政党经济工作做不好，干上一届就得下台，老百姓通过选票发泄不满。如果不到大选的日子，就组织抗议一下表达自己的观点，推动政策的转化。

民主机制没有国界，欧盟的组成、发展、壮大就是民主协商、妥协的结果。欧盟之间当然有的国家强大，有的国家弱小，做决定当然有的受益有的暂时受损。关键是决定不是某位领袖一拍脑门就可以做出来的，而是不停的磋商、协调的结果。

自由、平等、民主、法治，构成了欧洲精神的核心，自由平等是精神根基，民主法治是对自由平等精神的制度保障。这几个缺一不可，缺了任何一个要素，欧洲就不是今日的欧洲。

有心的读者也许会发现，这八个字，都在中国的社会主义核心价值观里面。这不是偶然，也不是我生硬地进行对比，人类有些东西是有共性的。抛开私利，抛开左右之争，有人不想要自由而想当奴隶吗？有人不想要平等而甘愿受统治吗？

我想，这样的人很少。欧洲精神，和我们中华民族的追求从来就不是矛盾的。如果有人非要说是矛盾，一定是别有用心。

尽管我特别不喜欢别有用心这样的说法，但事实如此，也不得不这么说。

德国如何对付谷歌

“德国人不喜欢谷歌，德国人也有很强的技术，你们为什么不自己造个谷歌和它竞争？”

我把这个问题抛给德国议会数字议题委员会副主席哥罗德·莱希巴赫（Gerold Reichenbach）时，德国外交部的朋友立即猜出我是来自中国的客人。

“德国建立谷歌，就像把大象装到屋子里，我们无法和谷歌竞争。”莱希巴赫耸耸肩笑着说。

不赶走，不歧视，不另设门厅，德国人对付谷歌的方式其实很简单：法律。

德国人不喜欢谷歌

8月3日到8月9日，我应德国外交部的邀请考察德国的网络政策，这段时间先后访问了德国议会、外交部、内政部、信息技术、通讯、新媒体协会等机构，并走访了诸多和网络治理有关的民间组织。

无论到哪里，无论是什么话题，都绕不开谷歌这个庞然大物。也就是说，德国的网络治理如何对待谷歌是核心话题之一。

总结一下德国人的观点，那就是，他们不喜欢谷歌。

德国人不喜欢谷歌的原因，可能和大家想象的不同，这和意识形态、国家利益、国家安全没有多大关系。

提及谷歌，必然联想到斯诺登事件，美国人窃听的对象也包括德国领导人，默克尔总理很不高兴，还驱逐了从事情报工作的两位美国外交官。

但你要就此认为德国人讨厌谷歌是因为担心美国的网络攻击或反美，就大错特错了。斯诺登事件让德国人不高兴，美德兄弟关系受到了影响。但无论怎样两国还是同盟国家，还是兄弟国家。德国人不反美，绝不是因为反美而“修理”谷歌。

德国人对付谷歌，主要是内因。谷歌太强大了，在德国占有了95%的市场，谷歌街景可以收集到德国人在阳台上干什么。这让一向保守、一向关注个人隐私的德国人感到紧张和恐惧。

没错，德国人是保守的。他们对网络和电子时代并没有毫无顾忌的予以拥抱。接待我的塞巴斯蒂安先生，连信用卡都没有，他说德国可能是世界上最敌视信用卡的国家。另一位女士听说我买手机、电脑、婴儿尿布都在网上解决、网上付款，瞪大了眼睛觉得不可思议，她说自己绝不这么干。

德国人首要看重的不是如何启动互联网经济，而是关注对数据和隐私的保护，谷歌强大的数据搜集能力，让他们担心。

“德国数据保护的立法有几十年的历史了，大大小小的数据保护法律有上百个。”德国内政部的施坦策博士（Dr. Stenzel）告诉我。

可面对谷歌，德国的数据保护法黯然失色。德国人如果在谷歌搜到一条侵犯个人隐私的信息，想删除非常难，因为很难找到谷歌的人。

“因此，我们需要更和谐的、更现代的数据保护法。”施坦策博士说。

在欧盟层面立法对付谷歌

最近，德国考虑建立“网络法院”，以对搜索引擎与想保护个人隐私的用户之间的冲突作出裁决。此前，欧洲法院（European Court of Justice）作出了一个有里程碑意义的裁决，命令谷歌及其竞争对手删除有关个人敏感信息的链接。

与此同时，整个欧盟境内针对谷歌的诉讼不断出现。

2012 年 8 月底，德国政府出台了一项旨在保护网络知识产权的法律提案，该法律被它的反对者称作“谷歌法”，因为它强制谷歌等搜索引擎向德国报刊网站缴纳稿酬。

2014 年 7 月底，西班牙通过立法，规定包括谷歌等新闻搜索引擎网站在引用媒体内容链接时，必须向媒体付费，作为对引用媒体内容的补偿。如果不付费的话，将面临 3 万欧元至 30 万欧元的罚款。

这样一点罚款，对于谷歌而言是九牛一毛，这一点德国人也心知肚明。

即便像德国这样强大的实力，面对谷歌时也觉得吃力，其他国家亦有同感。前几年，法国总统奥朗德与谷歌总裁埃里克·施密特在巴黎讨论了谷歌从法国报纸引用新闻所应支付的费用，谷歌的反应是，如果法国实施这样的法律，其搜索引擎将拒绝索引法国媒体的内容。

于是，在欧盟层面通过一项针对谷歌的法律，被提上了议程。

施坦策博士这几年忙于此事。他作为德国数据保护立法事务的代表，每两个月就去布鲁塞尔开会，辩论、协商。

两年多了，依旧没有结果。“这就是我们的方式，我们辩论、协商，看上去很慢，但需要考虑各方利益。”施坦策博士说。

为了准备草案，他需要和各界人士会面，起草新的方案拿到欧盟讨论。内政部部长的意见当然需要贯彻，商务部门、外交机构、民间机构的意见，都要汲取。谷歌、脸书这些他们的管理对象的声音，也要倾听。

即便德国红十字会这样看上去和数据保护立法毫不相干的机构，也会就此发来他们的意见。因为法规草案有一条是关于向第三国传输信息的规定，红十字会担心，他们向第三国捐助的邮件，得不到有效的保护和正确地对待。

这项已经耗时两年的立法，有望于 2015 年完成。对于德国而言，最大的挑战是这项法律如何和国内几百个关于数据保护的法律相适应。对于精细的德国人而言，一个法律规定一切的做法让他们感到非常困难。

在自由和安全之间保持平衡

世界上没有完美的法律，也没有一部法律可以解决一切问题，德国人对此也非常清楚。

正因为如此，德国政府希望和谷歌、脸书等公司接触，让这些傲慢的大公司在德国本土设立联系机构，让人们有渠道接触他们。同时，他们希望这些公司的产品对用户更加友好。他们认为除了法规之外，还需要自律。和谐的产品和用户关系，应该是法律和自律的混合。

更重要的是，他们认为不应该为了保护隐私而放弃自由。

“因特网像是一个自由的房间，没有人能给出完美的方案。因特网不能自由到为所欲为的程度，不能无政府，我们努力在自由、安全和权利之间寻求平衡。”德国内政部的新闻官卡科斯基（Karkowsky）女士说。

因此，德国一方面采取法律方式保护公民的个人隐私，对付谷歌就是保护公民隐私的行为之一；另一方面，德国各界大力督促政府的信息公开。

保护的，是个人隐私；公开的，是政府信息。

汉堡，就是德国政府信息公开的典型。2012 年，汉堡通过《透明法案》，规定议会决议、建筑物的批准、政府公共服务的合同、数据、专家意见都要公开，每个公民都有权上网免费查看，而且是匿名查看。这，可以减少公众对政府的不信任。

德国的朋友告诉我，政府不得以任何借口拒绝公开。假如需要公开的文件涉及某位市民的隐私，就用黑色把名字遮盖起来，但文件的公开是必需的。

对付谷歌不能损害自由表达的权力

正是在这一背景下，德国谨慎地选择如何对付谷歌。

它当然不会把谷歌屏蔽，这不符合德国的原则。但它又需要有新的应对方式。施坦策博士告诉我，以前德国有针对新闻自由（Freedom of Press）的规定，那些相对单纯、简单，而今在网络时代，博客、推特等载体，让很多公民都有了表达意见的平台，管理的重点也转移到了自由表达（Freedom of Express）。

施坦策博士承认，对于服务器在国外的网站，确实很难管理，他不可能派人去登门视察，也没法制裁。但他明确表示，不会使用屏蔽的方式处理。他更希望通过市场原则做事：如果你在欧盟市场提供了服务，就有义务遵守这里的法律。

在德国，自由表达当然合法，到街头表达意见也没问题。但涉及支持纳粹的言论和反犹言论，就不合法了。因此法律已有明文规定：支持纳粹和反犹属于非法。

德国外交部的穆勒女士告诉我，德国人到街上游行，呼吁巴以和平，这没问题，但高呼反犹太的口号，就触犯了法律，会被警察抓走。支持纳粹，同样也是这个道理。

违反这两项，属于犯罪，在网上也是如此。如果有人设立支持纳粹的网站，而且服务器在德国，就将是被德国警察依法取缔的对象。

另外，网上传播儿童淫秽，也是法律规定的违法行为，但成人不算在内。

除了这些法律规定的犯罪，有人在网上批判默克尔、批判各项政策，都属于自由表达观点的权利，政府也不会要求谷歌删掉。

“对我们来说，保护公民个人隐私处于第一位。”施坦策博士说。

爱尔兰的和谐社会之路

2014 年 12 月 11 日，爱尔兰总统希金斯访华期间，我受邀到使馆和他共进午餐。可一聊起来发现，与其说他是总统，还不如说是诗人、哲学家，言谈举止间全然没有半点官僚做派。

当然，因为这是“私人聚会”，谈话内容不能公开。我只想记录一个小细节：我谈社交媒体时，这位总统先生蛮激动，表现出对社交媒体的不屑之情。他抱怨说，名人一点小破事儿，在社交媒体上说个不停，没劲。

如此直率，不多见。

午餐前，不了解这个国家；午餐后，也还是不了解。坦白说，我之前对爱尔兰的印象并不深，所知也不多。

我所知道的，是土豆减产造成大饥荒，是《乱世佳人》里女主人公斯嘉丽作为爱尔兰移民的倔强和对土地的热爱，是爱尔兰人口不过 400 万，只相当于北京市朝阳区的人口，是美国的爱尔兰人后裔已经达到了 4000 多万，其中还不乏知名人士，肯尼迪总统、克林顿总统身上都流淌着爱尔兰人的血。

而在全世界范围内，爱尔兰人的后代达到了 7000 万。

爱尔兰也是个年轻的国家。1921 年才脱离英国的统治成为“自由邦”，1937 年成立共和国。在英国治下的漫长岁月中，笃信天主教的爱尔兰人也和英国的新教存在着尖锐的冲突。

历史问题说来话长，从现实的角度看，爱尔兰这些年在欧洲可谓独树一帜。1995 年起，爱尔兰国民经济持续高速增长，被誉为“凯尔特之虎”。

“你或许还不知道：爱尔兰现在是欧盟最富裕的国家之一。这个数百年来一直以出国移民潮、悲情诗人、饥荒、内战和矮精灵而闻名的国家，如今人均 GDP 已经超过了德国、法国和英国。”《纽约时报》著名的专栏作家托马斯·弗里德曼在一篇专栏文章中提到爱尔兰时这样说。

爱尔兰的迅猛发展并非偶然，这主要有三大原因。第一，从 20 世纪 60 年代开始，爱尔兰坚持对外开放，走国际化道路，给经济和教育赋予举足轻重的地位，以低税收吸引外资。第二，加入欧盟，而且是毫无保留地加入欧盟。加入欧盟之初，爱尔兰的传统制衣业、鞋业和纺织业受到严重打击，做出了牺牲，但爱尔兰借此完成了转型。第三，爱尔兰推出社会伙伴系统（Social Partnership System）。

我以前曾就这个伙伴系统和前爱尔兰驻华大使戴克澜先生聊过，他介绍一番后怕中国人听不明白，用了一个当时时髦的词来予以解释：“我们的社会伙伴，有点像中国的和谐社会主张。”

从社会伙伴系统的成型、发展和效果看，说它有助于爱尔兰的和谐社会建设并不为过。

简单来说，社会伙伴系统就是农民、工人、雇员和管理人员一起，商量工资水平和企业利润水平，达成共识，从而让所有人都受益，促进社会稳定发展。爱尔兰有着集体讨价还价的优良传统，雇主和工会之间习惯于协商解决争端。雇主和雇员不是一个人在战斗，而是加入各种各样的委员会或理事会。当经济危机来临时，这些委员会把不同利益群体团结起来，帮助爱尔兰渡过难关。

1980—1987 年，爱尔兰经济面临危机，失业率 17%，7 年间制造业就业率下降 25%，通货膨胀达 12%。

危机感迫使爱尔兰人寻求应对之策，政府各部门和专家以经济和社会理事会为核心，于 1986 年制定了一个四年发展计划。与此同时，工会的领导人主动提出，愿意和政府、雇主就工资水平进行协商。

具体说来，工会同意工资的增长不宜过快，而是和经济的发展保持一定比例。工资增长速度放缓，自然有助于提高爱尔兰产品的国际竞争力，缓解政府财政压力。作为回报，政府减少个人所得税，可以帮助工薪阶层保持生活水平。这一系统有效地减少了劳资纠纷，增强了社会凝聚力与整体竞争力，为经济健康发展创造了稳定和谐的社会环境。

简而言之，社会伙伴系统就是一个协商的过程，政府、企业、工会、雇员等不同利益群体通过协商、争吵最终达成妥协，取得共识，也有人称之为"协商式民主"。这是一个和平的、非暴力的过程，这个过程所坚持的原则是"实事求是"，不去讨论那些虚无的、意识形态方面的东西，而是就事论事，因此效果极好。

2008 年的金融危机爆发后，爱尔兰遭遇打击，但没有像意大利、希腊一样一蹶不振。

经过系列改革，曾经沦为"欧猪五国"之一的爱尔兰已经开始呈现出强劲的复苏之势，其增速引得德国——欧洲经济的领头羊——都直言羡慕。欧盟委员会 2014 年 11 月发布的秋季经济预测显示，爱尔兰 2014 年度经济增速为 4.6%，为德国增速的近 4 倍，列欧盟第一。希金斯总统访华，肯定也会促进中爱两国贸易。

佩雷斯的魅力

坦白说，接到邀请参加以色列总统佩雷斯的微访谈时，我确实很兴奋，确实不是心如止水。

兴奋，原因有二。

第一，即将第三次见到这位睿智的老人。不是因为他是总统，也不是因为他曾经取得的伟大成就，而是因为他言谈中的智慧所产生的奇特魅力。

第二，2003 年我见过他一次，拿到了他的亲笔签名书；2008 年奥运会时我作为记者采访过他，并合影留念。可惜系统崩盘照片丢失，为此我懊恼了许久。

访谈前要准备问题，我毫不犹豫地避开了巴以问题，原因也有二。

第一，一同作为嘉宾出席的马晓霖兄是中东问题专家，肯定会问巴以问题，我想寻求点差异性。

第二，我觉得 91 岁高龄的佩雷斯先生，思维已经高于世俗这些纷争，上升到了哲学层面，我更想借此机会听到他的睿智之语。

其实，专家、记者在准备问题时，往往局限于所知，问题容易走技术性道路，显得很专业。反倒是网友的问题更加直抒胸臆：请问佩雷斯先生，犹太人为什么这么聪明？

如果您对犹太人不了解，不觉得他们聪明，我可以列出如下数据来证明：

已经颁发的诺贝尔奖项共802项，犹太人占162项；福布斯最新富豪榜前50人中有10位犹太人；人类历史上最有影响力的百人中犹太人有7%；在美国人口不足3%的犹太人操纵着全美70%以上的财富……

社会主义奠基人马克思、最伟大的科学家爱因斯坦、精神分析学派创始人弗洛伊德，都是犹太人。

主持人秦枫亮出这个问题后，我立即竖起耳朵，想探寻答案。佩雷斯总统这么说的：

首先努力地让他们自由地生活，生命当中最重要的是必须从生命的第一天开始就让他们学习。生命最重要的是终身学习，直到生命的最后一刻，因为事情是在不断变化的。

比如说一个男孩和女孩，他们现在要努力学习，教孩子学外语的最佳时间是3到4岁，我们可以在那个时候就教给他，而不要延迟、拖延。等他们长大的时候仍然要继续学习，因为昨天学习的东西今天可能已变得不那么重要了。

问题依然在那里，但是答案会与时俱进地改变，因为时代在改变。像我这样的年龄，我每天也在学习。有的时候你可以说人每天要吃三顿饭，这样才能够健康，你才能舒服地生活，但是如果一天能够学三次，你就能变得聪明。

学习，让人变聪明。我再列举两个数据：以色列的教育投入占GDP总额的10%，以色列人均年读书量57本。

反观中国，人均年读书量4.3本，这就是差距。

如果再具体到学习的内容，差距更大。

最近有个统计，说恢复高考以来的状元，大都持续平庸，这从侧面证明了中国教育的问题。在以色列，怀疑和辩论从幼儿园到坟墓。出租司机也可以就专家的观点当面辩论，专家进入总理府后发表一番不同政见，扬长而去，也不罕见。

以色列驻华使馆新闻官潘立文先生送了我一本关于以色列的书，里面说，做以色列人的领导，最难对付的问题就是，部下会问，为什么是你领导我，而不是我领导你？怀疑，挑战权威，无处不在。

这些就是创新的源泉、科技的源泉、永葆青春的源泉。

佩雷斯先生本人，也是终身学习的典范。他做总理时，一个年轻人找到他，说要推动以色列普及电动汽车。作为总理，和年轻人探讨技术细节，且亲自出面说服国际汽车厂商给以色列提供帮助，让以色列成了第一个普及电动车的国家。

看到这些，我就觉得自己的问题太低端了，我问佩雷斯先生对创新的看法。其实，无需更多解释。终身学习、自由思考、蔑视权威、敢于辩论，就是创新的源泉。

以色列的三大秘密

“你们以色列人很爱国，可你们有没有像天安门广场那样升旗的地方？”

在地中海畔的一家风味餐厅，来自中国的客人们，抛给了以色列外交部负责中国事务的柯楷仪这么一个问题。

“没有，我们以色列人的爱国，在心里。”这位以色列的中国通笑着回答。

这算是以色列爱国精神的秘密吗？

我尝试发现以色列的秘密，尝试发现它被强敌包围而不倒的秘密，尝试发现它跻身发达国家的秘密，尝试发现它永葆创新精神、屡获诺贝尔奖的秘密。

2005 年我受邀访问以色列一周，2014 年 11 月又参加凤凰名博走进以色列活动，再次对这个国家进行了零距离接触。

人类总是面临悖论：你能发现的秘密就不是秘密，真正的秘密永远沉睡在地下。关于以色列的秘密，只能是姑妄言之，姑妄听之。

以色列成功的秘密

说以色列是个成功的国家，应该不会有太多反对之声。

这个 1948 年建国的年轻国家刚宣布成立，就迎来 7 个国家的联手打击，但它没有溃败，而是在四面树敌的环境下生存下来，并且越活越好。无论是内部的民主体制、经济的快速发展，还是文化上的活跃以及科技领域的创新，都是中东地区乃至世界范围内的典范。更重要的是，这个国家清洁工的工资，和总理的工资也相差不大，是贫富差距相对较小的国家。

与之相对，那些政治上独裁、经济上窘迫、文化上专制的国家，就是失败国家。我觉得，失败的国家都是一样的，而成功的国家各有各的成功之道。

那么，以色列的成功之道是什么呢？回答这个问题，我想先从几个细节说起。

第一个细节，是以色列满大街都是拿枪的士兵。那不是玩具，而是真枪实弹。我特别担心地问以色列外交部的朋友，你们就不担心他们走火吗？朋友回答说，枪是以色列士兵的一部分，他们随时准备战斗。即便是高级领导人的会议，士兵也可以带着枪参加，他们领导不担心走火或暗杀，因为在以色列人看来，你如果连自己的士兵都不信任，还能信任谁呢？

第二个细节，是以色列新闻官的一句话。我去以色列大使馆见以色列新闻官，谈组织中国学者去以色列的活动。按照合作的传统，我把活动背景、意义、效果都讲述了一番。最后，新闻官问我，是你带队去吗？我说，是我。他接着说，你去就成，我信任你。新闻官这么说，是基于对我个人的了解，是对我和以色列这个国家的友谊的认可，令我感动。

第三个细节，是耶路撒冷酒店的雨伞。我住在耶路撒冷的玛米拉酒店里，那里正好赶上雨季，导游让我们出门随手拿把伞。这个拿伞的瞬间没有前台来问，也没有保安上来让我们留下护照做抵押。

这三个细节，所体现的是信任。第一个细节，是对自己人的信任；第二个细节，是对自己朋友的信任；第三个细节，是对陌生人的信任。

信任自己人，就会让内部减少摩擦，遇到危机可以迅速团结起来，迸发出巨大的力量；信任朋友，会让更多人喜欢这个国家，愿意公正、客观地评价这个国家，从传播的角度，这比自己宣扬自己效果更好；信任陌生人，会让社会的运行少一些防范和猜忌，在做事的时候可以达到事半功倍的效果。

信任当然会有不良后果，奠定巴以和平的以色列前总理拉宾，就是在大众集会上被自己人，而不是被巴勒斯坦人开枪打死的，这就是信任自己人付出的代价。但这没有让以色列疑神疑鬼，对自己人也不信任。

信任对于社会发展的促进作用，法国政治家、学者阿兰·佩雷菲特在《信任社会》一书中有精彩的描述。他说，信任社会是一种扩张的“共赢”社会，这是一种团结互助、共同计划、开放、交换和交流的社会；而不信任的社会，便是疑忌社会。疑忌社会是畏首畏尾、“赢输不共”的社会，这种社会的共同生活是一种“零和博弈”甚至“负和博弈”，倾向社会忌妒和自我封闭，盛行侵犯他人权利和相互监视。

按照这个定义，以色列毫无疑问是信任社会，而信任是它面对强敌屹立不倒的秘诀之一。

以色列创新的秘密

赵本山卖拐，让“大忽悠”这个词进入千家万户。本山大叔的拐杖，忽悠人的要点在于让不能走路的残疾人士站起来。这看似不可能的事情，在以色列变成了现实。

2014 年 11 月 29 日，我参加凤凰名博走进以色列活动，在特拉维夫与 Step of Mind 公司的科学家聊天，了解了一下“卖拐”这件事。他们做的不是本山大叔的拐杖，而是一双带有芯片和传感器的鞋子。

脑瘫患者、中风患者不能走路，并不是因为腿坏了，而是脑部负责运动的区域受到了损伤。这种让中风、脑瘫患者康复的鞋子，会根据实际情况向大脑传递信号，刺激大脑，从而达到修复受损大脑的效果，让人恢复行走能力。用专业术语来说，是科学家在混沌理论的基础上，通过开发这款改进运动机能的产品，指导人类大脑如何迈出正确的步伐。

像这样的发明，在以色列创新界只是冰山一角。中国人所熟悉的 QQ，原型是以色列人发明的即时通讯软件 ICQ，小马哥给拷贝过来，成就了如今财大气粗的企鹅帝国。英特尔的双核芯片也是以色列的研究团队设计开发出来的。

不仅如此，在美国纳斯达克上市的公司里，以色列的公司数量最多，多到是欧洲、日本、中国、韩国和印度的总和。当然，中国的概念股大多是以某某群岛身份上市的，没有统计为中国公司，这需要注意。

访问了以色列理工学院、赫兹利亚跨学科研究中心以及几家以色列创新企业后，我得出了以色列创新能力之所以如此强的原因。

当然，大家首先会认为创新能力强来自于犹太人的基因，然而再好的基因也需要教育。教育不是比拼哪个学生的分数高，而是教会孩子独立思考，以色列的教育做的就是这件事。从小学起，以色列孩子就挑战权威，不停地问问题，长大后更是充满挑战权威的精神，所以当以色列的老师很难。不过当以色列人的领导更难，因为你不能靠权势来发布命令，而是需要通过辩论来让手下人信服。这种不服从权威的思辨，俗语称之为“两个犹太人有三个观点”。

其次，以色列的文化适合创新。这个国家的人不把失败看得很重，创立一家公司失败了，可以再创立一家，社会对失败的宽容度很高。因此，以色列的年轻人有个点子就开始干，不会瞻前顾后不敢动手。当然，失败也会付出代价，比如失去财产，老婆和你离婚，但以色列人没有社会压力，不会像日本人那样破产了就剖腹自杀。

再次，以色列有完善的社会环境鼓励创业。风投从财务方面提供支持，政府从政策法规方面提供帮助，比如设立孵化器等。以色列是个小国，做一件事很容易通过朋友找朋友，找到需要的帮助，这对于创新也是利好消息。

另外，以色列尊重知识产权，科学家的专利可以占25%的股份，不用担心自己的成果被窃取。

还有一个特殊原因也不可忽视，那就是以色列全民皆兵。以色列法律规定，无论男孩女孩，年满18岁都要入伍，男孩3年，女孩2年。在军队服役的时间内，由于以色列生存环境险恶，必须时刻保持警惕，大家学会了团队配合。一部分士兵被提升为指挥官，从而学会了管理技能，对于创业大有裨益。

以色列强大的秘密

打开世界地图，如果不细心察看，很难找到以色列的所在。这个人口700万、实际控制2.5万平方公里土地（比北京市略大）的国家，半个多世纪以来面对10倍于己的敌人，历经5次中东战争而不倒，堪称奇迹。

军事的强大只是以色列的一个侧面。这个资源匮乏的国度，人均

GDP 超过了 2.5 万美元，低于主要发达国家，处于世界第 28 位。但别忘了，中东多年的不平静打击了它的旅游业，为了应对战争，它不得不把至少 10%的 GDP 投入到军队，考虑到这些因素，这个成绩不简单。

对于以色列的成就，历史学家、社会学家均有大篇幅的巨著。比如说，军事方面的强大离不开美国的支持，这个以色列人自己也承认。再比如说，以色列在教育上的投入使其人民素质高，每 1 万以色列人当中，就有 140 名科学家和技术人员，比美国的 80 人和日本的 75 人还多。

人口的高素质得益于教育，也和民族传统息息相关。以色列是犹太人在散居世界各地 2000 多年后建立起的国家。社会科学的大师马克思、自然科学的泰斗爱因斯坦，以及心理学的鼻祖弗洛伊德等大名鼎鼎的人士，都是犹太人。有个令人咋舌的统计数据：从 1901 年诺贝尔奖首次颁奖到 2001 年的 100 年间，总共 680 名获奖者中，犹太人或具有犹太血统者共有 138 人，占了五分之一，而犹太人占全世界人口的比例，不过是五百分之一。

超级大国的援助加上国民的高素质，构成了以色列在强敌环伺的中东立足的重要原因。但这不是全部，这个弱小民族强大的背后一定有着一个“超级秘密”。多年苦思不解，我在碰到阿摩司·奥兹后才恍然大悟，原来秘密是如此简单。

阿摩司·奥兹是当今以色列文坛最杰出的作家，也是最富有国际影响的希伯来语作家，以色列本-古里安大学希伯来文学系终身教授，迄今已经发表了 12 部长篇小说，多部中短篇小说集，杂文、随笔集和儿童文学作品。奥兹先生向我讲述了他亲身经历的两个故事。

奥兹除了写小说，还积极投身政治活动，组织了著名的“现在和平”运动，主张巴以和平，并时常在报纸上发表自己的见解，提出反对政府决策的主张。不久前，他收到总理府的来电，说总理读了他的文章，邀请他一起喝咖啡，交流意见。

“我去了，和奥尔默特总理喝咖啡，聊了一个半小时，结果呢，我们谁也没有说服谁。”奥兹说道。

第二个故事是他打车的经历。一上车，出租车司机就认出了这位经常上电视发表见解的学者，对他说：“我读过你的书，但是我不同意你的观点。”然后，这位司机先生滔滔不绝地陈述自己的观点，奥兹先生只有听的分儿。

学者见总理，激辩一番扬长而去；出租车司机见到学者，不是崇拜，而是亮出自己的观点。从司机、学者到总理，以平等的态度讨论、交流，这就是发生在以色列的真实故事。用奥兹先生自己的话说就是：“我来告诉你吧，以色列强大的秘密就是怀疑和辩论。”

在这个国家，每个人都在思考，个体之间观点强烈碰撞，再借助发达的媒体，各种思想都可以传播，于是整个社会在不断修正中平稳前行。正因为如此，当以色列总理实在是难，因为每个人都可以侃侃而谈，认为自己比总理更聪明，正因为如此，才有面对和平进程的进一步、退两步。

怀疑和辩论有时候意味着内耗，极端的例子就是拉宾总理的遇刺。对此，奥兹先生认为这是必要的代价。有了这些痛苦的内耗，未来的路才更平稳。

以色列大屠杀纪念馆的震撼

受以色列邀请访问的客人，会参观诸多地方，如耶路撒冷老城、死海，其中有一个地方无论日程多满都要安排，那就是大屠杀纪念馆——Yad Vashem。

Yad Vashem 来自于《圣经》：“我必使他们在我殿中、在我墙内，有记念、有名号、比有儿女的更美，我必赐他们永远的名、不能剪除。”“有记念、有名号” 的希伯来语原文发音为 yad va-shem。

这个纪念馆包含一间纪念堂、一个历史博物馆、一个画廊、一间“名字堂”（Hall of Names）、一座档案馆、“毁灭社区的山谷”（Valley of Destroyed Communities）、一座犹太教堂及一个教育中心。此外，纪念馆专设一处以纪念那些在大屠杀期间承担巨大的个人风险，援救犹太人的非犹太人——被尊称为“国际义人”（Righteous Among the Nations），其中包括给犹太人颁发签证的中华民国外交官何凤山。

对于纳粹德国屠杀 600 万犹太人这段历史，很多人并不陌生，电影《辛德勒的名单》更是让这段历史在世界范围内家喻户晓。这个纪念馆，通过各种实物和证据，告诉世人这个苦难深重的民族三分之一的人口被屠杀。

纪念馆里有很多细节给人深刻印象。有两幅画栩栩如生地展示了德国纳粹的宣传术。画面上两个人：一个是高大、金发、健壮的雅利安人，一个是肥胖、丑陋、猥琐的犹太人，两幅画就在小学的教科书里。在这种洗脑式的教育下，孩子长大了对犹太人特别仇视，很多纳粹分子屠杀犹太人不是因为上方的命令，而是主动自发地做。纪念馆里有一封纳粹士兵写给母亲的信，这个士兵觉得自己杀犹太人太少是软弱的表现，准备多杀几个战胜自己。

这些细节都在说话，没有任何残忍、可恨等形容词，而是让事实说话，让证据说话，但这都不是最震撼人心的地方。最震撼人心的地方，是最后的档案馆。

档案馆上方，是大屠杀受难者的照片，俯视着参观者；下方是个水池，象征着死难者埋葬在这里。可以说，这是世界上最大的公墓。四周一圈是档案，收集了420万人的名字。导游告诉我，这个工作还在继续，5年前她来纪念馆工作的时候，只有380万受难者的名字被发现，现在达到了420万，这意味着在大屠杀过去将近70年了，他们打捞历史、纪念历史的工作还在继续。参观结束时，纪念馆的一位教授还给了我们每个人寻找受难者信息的便签，上面有邮箱和电话，可见，他们不放过任何一个获取相关信息的机会。

想象一下，这是何等复杂、艰难的工作，但以色列人一直在坚持，这份韧性，这份执着，这份对生命的尊重，这份对历史的尊重，震撼人心。

荷兰的 LGBT 外交

一说起人权外交，中国人会想到美国，始于卡特总统的这项政策，对于中国官方或外交学者而言，意味着“干涉内政”，这和中国的外交原则相抵触。

这几年，美国的人权外交在继续，但收效一般，德国、法国、英国也不时通过会见达赖做个姿势，但遭遇中国的“经济制裁”后不得不屈服。

荷兰也对中国进行人权外交，这是个已然存在的事实。促进人权、加强安全和增进繁荣是荷兰外交政策的核心目标之一。不过，中国媒体、学者对于荷兰的人权外交没有太多的报道和关注。

这需要辩证看待。一方面，荷兰没有遭受广泛的批评说明它还比较克制，不像美国那样咄咄逼人；另一方面，也说明从宏观角度而言荷兰对于中国整体人权状况的影响力确实有限。

克制，或者说低调，是荷兰人权外交的特色之一。我在荷兰外交部和他们的官员交流时，他们开诚布公地说推进人权是荷兰的外交重点之一，但他们希望通过协商和对话的方式，他们并不觉得自己在人权方面有道德上的优越感。这和美国不同，美国人总觉得自己是上帝的选民，自己的价值观就应该是全世界的价值观。

在具体操作方面，荷兰外交部也采取了比较聪明的策略，他们选择一个点，而不是全面出击。这个点，就是对 LGBT 人群的保护。（稍微需要解释一下，LGBT 就是“同志”，L，Lesbians，女同性恋；G，Gays，男同性恋；B，Bisexuals，双性恋；T，Transgender，变性人。）

这个策略的聪明之处在于，虽然实际上是对人权的保护，但绕开了人权这个敏感的字眼，中国官方可以接受。另外，荷兰政府在这方面做得确实世界领先，输出这方面的经验符合自身特长，有些国家也需要这方面的经验。

为此，荷兰外交部设立 LGBT 事务政策专员，通过和各地使馆的合作，推进对 LGBT 人群的保护。在中国，他们也赞助了几项活动。

活动效果如何，不好评估，因为这本身缺乏一个客观的标准。不过，从整体而言，荷兰以 LBGT 推动对华人权外交的做法，还面临诸多挑战。

首先，如何让知识精英对 LGBT 认同或认可。或者说，哪怕精英不认可，拿出精力来讨论这件事也是进步。目前，知识界对 LBGT 问题关注的人屈指可数。在知识精英的议题里面，LGBT 的优先度并不高。所谓外交的效果，实际上就是对其他国家精英的影响以及对他们的议题设置。从这个角度而言，荷兰外交部还有很大的努力空间。

其次，如何让大众传媒更多地讨论 LGBT。大众传媒对这个问题并不是特别关注，因为在中国新闻太多，各项事务太多，养老、教育、住房、医疗等每项事务都是重要议题，环保、公益都难以全民关注，更何况 LGBT！问题是，大众传媒体的议题设置，决定议题的受重视程度，如果只在专业媒体传播，毕竟影响力有限。这方面，荷兰国际广播电台旗下的荷兰在线已经做了大量普及工作，但依然有很多工作可做。

再次，如何让 LGBT 议题为大众所接受。说实话，中国社会对 LGBT 虽然认同度不高，但容忍度比较高，至少没有像阿拉伯国家那样进行迫害。但是，了解 LGBT 的人依旧是在小圈子里的，是相对小众的，而不是大众的。目前，北京、上海、广州、深圳这样的大都市容忍度高，一些中小城市，很多人根本不知道或不了解。歧视，很多时候源于无知。

其实，这实际上不是荷兰外交部的挑战，而是中国所面临的挑战。不过，既然荷兰外交部在推进 LGBT 事务，就要更多地了解中国，从政策层面、执行层面作出短期和长期的规划，这样荷兰的人权外交才有成效，对中国的人权保护也能起到正面积极的效果，才能实现双赢。

文明的本质

荷兰首都阿姆斯特丹的街头，不时飘出一股怪异的、无法形容的味道。这味道不像厕所里发出的臭味，也不像榴莲发出的怪味。

来过这座城市的朋友可能知道，这是大麻的味道。阿姆斯特丹的街头，随处可见 coffee shop，你如果以为是咖啡馆进去喝咖啡可就错了，那是卖大麻的地方。真正的咖啡馆是 cafe。

这个国家挺逗的，大麻合法，而且你还可以列举出一大堆合法的东西：卖淫合法、同性恋结婚合法、安乐死合法……

这么多合法的东西，对于习惯了稳定压倒一切的中国人而言，听起来有些危险。

确实，初到这个城市，看到大街上奇装异服的男男女女，难免有些紧张。阿姆斯特丹的唐人街靠近红灯区，刚开始在这块儿逛的时候还有点儿紧张，担心碰到地痞流氓啥的，也担心出来个吸毒冲昏头脑的人打我一顿。

事实证明我的担心是多余的。

对于橱窗里的小姐而言，那是一份工作，按时上班，按时下班，该交税就交税，每年交 40 欧元，就可以参加妓女工会，享受组织和集体带来的温暖。对于吸大麻的人而言，就和抽烟一样，可以在阳光下去购买，没有人鄙视，因为这是法律保护的交易和活动。

同性恋结婚，同性恋收养个小孩，这都不是什么新闻。同性恋机构也有许多自发的组织，他们当中也有影响法律制定的说客，通过和议员们沟通酝酿保护同性恋的法律。

必须要说明一点的是，同性恋这个词已经不足以说明其复杂性，他们全称是 LGBT，包括：女同性恋、男同性恋、双性恋、变性人。现在，荷兰人讨论的是如何保护 LGBT 这个群体的权益。

如果不知道这个词别觉得自己孤陋寡闻。我这次来荷兰，是荷兰外交部和荷兰国际广播电台邀请的，邀请函上写着考察 LGBT，上网搜了下才知道什么意思。

对 LGBT，荷兰人的说法很简单，所有这些都是个人的权利，每个人都有权选择自己的生活方式，只要不妨碍别人，就有充分的自由。

荷兰罗格斯世界人口基金会高级顾问桑德琳（Sanderrijn）告诉我，她的小儿子是同性恋，有一天哭着和她说，妈妈我是个同性恋。她说，这没问题啊，我们依然爱你。现在，她帅气的儿子找了个帅气的男朋友。

所有这些，都可以概括为一个词：宽容。对自己所不理解的行为宽容，对其他人貌似出格的行为宽容，对不同文化背景的习惯宽容。宽容实际上是对人的尊重，对人的选择权、生活方式的尊重。

我想，这就是文明的本质。所谓文明，就是对异端的宽容。越是文明的地方，对于不同的思想和行为越是持宽容的态度；越是野蛮的地方，越会划定一个规则让所有人都一致。

我承认，自己并不喜欢那些穿着奇装异服抽大麻的年轻人，按照我的逻辑，这是颓废，这是浪费生命。可我必须尊重他们自己的选择，只要不伤害别人，他就可以干自己喜欢的事。

包容同性恋是文明的标志

苹果 CEO 库克出柜了，好事者一片唏嘘。在中国，有人看热闹，有人鄙视之，有人不理解，有人表示对苹果也降低了兴趣。

更有甚者认为苹果这次麻烦大了：员工会跟着同性恋 CEO 干吗？CEO 出柜让军心涣散后会不会接下来股价大跌？

我奉劝大家千万不要有此担忧。库克获得的尊重不会比以前少，他的公司也不会因此而走下坡，股东更不会因此而戴上有色眼镜看苹果公司。

因为这是美国。身为黑人的奥巴马可以当上总统，作为同性恋的库克也可以是大型公司的 CEO。评价他们的不是出身，不是肤色，不是家庭背景，不是个人性取向，而是他自身的能力，自身对社会的贡献。

不止美国，欧洲国家也是如此。克劳斯·沃维莱特曾连续当选德国首都柏林的市长。初次参加选举时被爆出是同性恋，他大大方方地承认自己是，还告诉选民，他是一个忠诚的同性恋，和伙伴已经持续了十几年的关系。他的坦诚感动了柏林人，结果高票当选。

之所以如此，是因为在西方价值观里自由占绝对核心的位置。爱同性还是爱异性，个人有权自由选择。自由的边界是法无禁止即可为，只要不侵害他人的利益，个人便可以做自己喜欢的事。

在尊重自由选择理念的基础上，社会更多包容，对于稀奇古怪的思想允许存在，对于看似不着边际的观点给予尊重，对于少数民族、少数群体给予理解和尊重。尽管偶尔会有恶性事件发生，但整体的社会氛围特别尊重少数群体的权益。

也就是说，西方社会习惯了对自己所不理解的行为包容，对其他人貌似出格的行为包容，对不同文化背景的习惯包容。包容实际上是对人的尊重，对人的选择权、生活方式的尊重。对同性恋，当然也包容。在美国，舆论讨论的焦点根本不是是否认可并尊重同性恋问题，而是同性恋是否可以依法结婚。

包容不是抽象的概念，不是简单的理念，而是体现在实践中。伏尔泰说，我虽然不赞同你说的每一个字，但我誓死捍卫你说话的权利。对于同性恋者，我们可以说，尽管我不是同性恋，但我誓死捍卫同性恋者选择自己生活方式的权利。

库克的男朋友是谁？其实不必八卦这个，无论他是谁，无论他贫穷还是富有，无论他英俊还是相貌一般，我们都祝福库克，祝福这个敢于出柜的男人，祝他们永远幸福地在一起。

哪个国家生活太安逸导致自杀率居高不下

最近，瑞士在公投，如果通过了，每名成年公民无论是否就业，每星期都可领取大约 605 美元，相当于每月领取将近 2500 美元，每名儿童则可每星期领取大约 142 美元。

我地理不太好，瑞士和瑞典经常给弄混。瑞士没去过，不了解。瑞典倒是略知一二。

从福利的角度看，两个国家差不多，但瑞典人生活太安逸了导致自杀率高。

在瑞典，自杀不是什么新鲜事儿。近日陪几个瑞典朋友在北京闲逛，他们告诉我，瑞典每年有 2000 多人自杀。有报道称，瑞典是世界上自杀率最高的国家之一，研究表明，瑞典人自杀的原因之一是当地阴冷加极昼、极夜的气候让人抑郁；原因之二则是生活太过稳定。生下来就不愁吃穿，不用上班、干活，于是他们就会问，上帝要我干什么，因为想不通，所以就自杀了。

因为生活太美好而自杀，虽然听起来不可信，但瑞典的高福利的确让人可以无忧无虑地生活。瑞典人享受着从摇篮到坟墓的福利保护，像生活在蜜罐里一样。

说是从摇篮到坟墓，一点也不夸张。比如说，新生婴儿的父亲有权

9个月不上班，婴儿的母亲也同样领全薪在家看孩子。孩子16周岁以前，父母均可获得生活津贴；年满16周岁以后，完成9年义务教育的青年，如继续深造可获得学习津贴；病人所享受的病假补助，其数额视病假长短而定，相当于工资的75%~100%；医疗费用和经医生之手的药品开支，大部分由国家负担。

失业对瑞典年轻人来说也不是啥可怕的事情。我到瑞典游玩时，和一位瑞典小伙子聊了一路，他没有工作，靠每个月1.3万克朗的救济金为生。尽管不愁吃喝，可也不能天天无所事事啊，于是乎，他跑到一所大学念书去了——既然大学免费，何乐而不为？

瑞典克朗和人民币比价大约可以按照一比一计算，也就是说，失业者的工资超过北京、上海的普通白领。相比而言，瑞典的物价不高，1.3万克朗可以保证基本的生存需要，而且可以做到营养充足。

我在瑞典游玩时，对这个环境优美、生活富足、社会文明的国家印象颇深。一位长期在瑞典居住的朋友笑着说，看，和谐社会就应该是这个样子的。回来后，我一直思考一件事情：瑞典人到底有什么担心的事情。

我问这几位来北京游玩的瑞典商人，我们中国人担心的是医疗、住房和教育，你们瑞典人福利健全，到底担心什么？

40多岁的凯尼斯笑着说，我们当然不担心吃不饱穿不暖，也不担心找不到住所，但是，你知道，按照马斯洛的需求层次理论，在衣食无忧之后，人有更高的精神需求。按照马斯洛的理论，人首先是生理的需求，也就是俗称的吃喝拉撒睡以及生理需求，其次是安全的需要、社交的需要和尊重的需要，最高层次是自我实现的需要。显然，对瑞典人来说尊重和自我实现最为重要。

凯尼斯告诉我，如果你到瑞典做个调查，问大家担心什么，十有八九的人会说担心环境恶化和全球变暖这些全球性的课题，这也足以解释为什么瑞典是全世界名列前茅的捐赠大户。听到这些，我们只有羡慕的分儿。然而，任何事情都是过犹不及，过于优厚的福利给这个国家带来的副作用近年来日渐凸显。

首先，老年人增加，劳动力减少，国家无力负担如此庞大的福利系统。自1936年社会民主党上台执政以来，瑞典实行社会福利政策，建立了比较完善的社会福利制度，社会福利支出占国民收入的30%左右。20世纪90年代初，世界范围内的经济衰退使瑞典深受其害，金融危机、高失业率更暴露了原有福利体系的缺陷。财政赤字达到国民生产总值的13%。公共部门出现许多问题，于是政府推出改革措施，目的是削减和控制社会保障费用的支付。采取的手段一是减少国家支付的补贴数额，二是增加一些福利项目中个人应付部分的额度。

改革让瑞典人或多或少地改变了对生活的态度。按照瑞典人的概念，根本不需要存款，因为政府支付的退休金足以保证老有所养。改革后，养老金由企业和雇员各支付一半。具体而言，每人工资的18.5%留作退休附加金部分，而且其中的2.5%将作为“储备保险金”存入自己的账户，个人可决定投资方向。平均算下来，退休人员可以拿到1.3万克朗左右的退休金，靠这些钱可以维持生活，但肯定住不起大房子，不能自由自在地消费，于是，好多瑞典年轻人开始攒钱防老了，不再像以前那样当“月光族”。

其次，瑞典失业者待遇优厚，懒汉也能过日子，这导致整个社会缺乏生气，也缺乏斗志。尽管瑞典人素质高，比较诚实，多数人还是老老实实工作，不想偷奸耍滑，可还是有人利用这套制度谋取私利。比如说，有人领着失业保险，打份不用交税的零工，日子过得十分滋润。

显然，这不利于国家的发展，于是，2006 年的瑞典大选中，社会民主党打出改革的旗号，宣布让每个人都工作，当时这个倡议得到了多数瑞典人的支持，该党从而上台。可有些事情说起来容易做起来难，要减少或取消失业救济金，自然遭到“既得利益者”的反对，他们不断地搞些示威或者抗议，让政府有所顾忌。除此之外，就业市场不景气，有些人想工作而不得其职也是严峻的现实。

福山有本书叫《历史的终结》，根据他的理论，高福利、低失业率的资本主义模式是人类可以享受的最好生活，历史发展至此已是最高阶段。根据他的说法，瑞典模式的确是世界的楷模，然而，900 万诚实、聪明的国民生活在一个资源丰富的国度这个现实不可复制，这种模式不是所有国家都可以效仿的；而瑞典自身，也在高福利后不堪重负，遭遇困难后开始调整，这也是西欧大多数国家面临的课题。

历史，并没有终结，而是在起起伏伏。瑞典人的担心固然和我们不同，却也给我们以启示。在社会高速发展之际推进福利固然重要，如何考虑长远一些，让这个制度得以长时间维持运作更是值得深思的。

和陆克文拼中文

老陆，其实不姓陆，也不是中国人。

他当过澳大利亚总理、外交部长，现任国会议员。在微博上，他时不时秀一秀自己和家人在一起的甜蜜照片，他的粉丝接近39万。

2013年，他再度出山，担任澳大利亚总理，写下了一段东山再起的传奇故事。

再度担任总理后，他在微博上写下这么一段话：

昨天早上，我在澳大利亚总督面前宣誓就任澳大利亚总理，非常感谢我的家人从布里斯班、悉尼和北京来到了堪培拉支持我。

马晓霖兄做了如下评论：

老陆东山再起的秘籍是，紧紧抓住5亿中国网民，能在中国网络的惊涛骇浪里存活并胜出，在任何地方都会所向披靡。得网络者得天下，如奥巴马；得中国网络者，再得天下，如陆克文；与@王冲勾搭者，迟早都会得天下。

这么说，我愧不敢当。其实，我接触的西方人里面，最喜欢的还是鲍勃·伍德沃德——报道水门事件的记者。不过，既然说到这里了，就说说2012年去澳大利亚和见陆克文先生的详情吧。我早些年就写过：中国通不等于爱中国，说的就是陆克文。

陆克文，原名Kevin Rudd，2012年8月底，我参加凤凰网十大名博澳洲行活动，见识了陆先生的魅力。

时间约在8月28日中午12点，因为公务在身，迟到的老陆一边说抱歉，一边大咧咧地拉把椅子坐下。我作为主持人，请他靠边坐，让我们俩并排，他也毫不介意地往一边挪了挪。

他身边没有前呼后拥，只有一个秘书在旁边，笑着看着大家，不怎么说话。

陆克文迟到了，和我们说着抱歉。于是，本来预定一个小时的座谈，只好缩短，作为主人，他并没有强硬地告知我们只有10分钟。而是和大家商量，下面还要会见一个日本的议员，时间有限，多长时间合适，10分钟行吗？

我们大老远跑到澳洲，当然不愿10分钟就被打发掉，提出至少20分钟，他答应了。

可话题一打开，就由不得他了。十位博主，依次提问，等到了第九位，陆克文说，实在抱歉，要走，我提出来，每人一个问题，公平些才好，他也答应了。

问答结束，活动赞助方——金考拉国际贸易公司的董事长赵荣君请他签字，他认真地写下了自己的名字，满足了几位博主合照的请求，不停地和大家解释：我去见日本议员，迟到啦，我不想在中日之间制造矛盾。

问与答，很散。我就摘取有意思的几点，和诸位分享之。

凤凰网副总裁邹明先生问陆克文，对新一代领导人有什么期许，对中国未来的政治有什么判断?

陆克文倒也没回避，没打官腔。他认为习主席很聪明，对中美关系有着敏锐的看法。习主席的使命就是搞好中美关系，并把中国的现代化进程继续下去。

谈到微博时，陆克文眉毛一扬，打开了话匣子，不像谈政治那样边想边说，语速明显快了不少。他说，在中国开微博的经验不多，但是我的粉丝对我都不错，有一部分的人骂我，有一部分的人批评我的语法、用法方面所犯的错误，那是正常的，我还是老外。

陆克文还看了地方政府官员的微博，也注意到老百姓所说的话。

“我的目标就是给中国老百姓看一下澳洲普通政客的生活以及工作如何，所以一般来讲，我在微博上不谈政治或外交，我会谈到我的外孙女，还有女婿，还有儿子他们做什么，我今天跟老百姓做了什么等。互相了解对方，是很好的方式。”

微博上不愿谈，可碰到这些关心政治的人，他就不得不谈了。《中国新闻周刊》的编委章文很直接地问，如果中日因为钓鱼岛擦枪走火，爆发小规模战争，澳大利亚会站在哪一边?

陆克文对这个的回答，显示了一个西方政客的智慧：

“我认为，各个国家的老百姓应该认识到战争不好，打仗不好，我们应该记得打仗的历史，我父亲在第二次世界大战时是个军人，他也参加了抗日战争，在我年轻的时候他告诉我他的故事，特别谈到他私人的经历，包括他的朋友被杀等。中国在第二次世界大战的教训很惨痛，南京我们都知道，我上大学的时候也研究了日本占领南京以及中国其他地方的历史。”

他还说：“打仗是最坏的事，我特别担心这一代的人已经忘记了那个打仗的具体结果如何，不仅是破坏经济，也是破坏人，破坏家庭，破坏小孩。”

他有一句话令我印象深刻，他说：如果我们现在按照所谓爱国主义，鼓励老百姓与某某国家打仗的话，那不仅是不健康的，而且是个灾难。

他说，我很担心爱国主义的结果可能不好。我们都说爱国主义是一个好事，但是我看了19世纪的历史，爱国主义不是一个好的事情，没有任何限制的爱国主义是灾难。

来自台湾地区的博主宫铃女士问了两岸问题：在中国崛起、中国模式兴起之下，台湾人，台湾这样一个地方应该如何走出自己的道路？

陆克文看到此行也有台湾人，略显一愣，然后特别亲切地谈起了在台湾的经历。

他说，大学的时候有到台湾，上的是台湾师范大学。他认为两岸都很聪明，应该用和平的方式，首先正视经济发展，然后解决好遗留下来的政治历史问题。

言谈举止间，显示出陆克文很喜欢台湾地区。他告诉我们，现在台湾人的生活水平越来越高，台湾的文化丰富多彩，在艺术方面许多产品也是独一无二的。

和老陆的座谈结束后，最让我难以忘怀的是“没有限制的爱国主义是灾难”这句。回到北京后不久，日本国有化钓鱼岛引发中国抗议，有些人上街，也爆发了一些打砸抢等事件。没错，陆克文是睿智的：爱国主义如果不加以限制，一定会带来灾难。

日本的教育问题很有趣

我得承认，这是以前的事儿。之所以写出来，是觉得今天看来依然有意义。

某年，参加中国青年代表团访日，和日本青年“合宿”，有半天的时间探讨教育问题。当然，我们所有人都不是教育专家，都是作为普通人来交流自己国家存在的问题。

不好意思，那时候我还是青年。现在，其实也不老！

中日青年分成 7 个小组，就两国的教育可持续发展进行讨论。按照规定，双方需要提交有关教育的关键词。

我发现，日本青年提交的大部分关注细节，比如说需要在学校附近修建运动公园、需要就业课程、坚持课间操等；而中国青年所提及的关键词都从宏观入手，创新、国际化、独立性、增加预算等。尤其值得一提的是，某位中国团员所作的报告，通篇都是说要发展教育，必须扩大投资，听起来极其刺耳。

我列出的是启蒙。对此我不做太多解释，引用原武汉大学刘道玉先生的话来说明：

建议开展一次教育改革的启蒙运动，为深化改革打下思想基础。就是启迪文明，去掉蒙昧。我痛彻地感到，我国绝大多数人还不知道什么叫教育改革，为什么要进行教育改革，应当从哪里改革以及由谁来改革。从教育部到广大民众，仍置身于改革之外，甚至对教育改革存在误解和误导。

例如，教育部主要负责人在各个场合宣称，中国教育改革是成功的，所举例子之一是“两基”普及率达到85%以上，这是地地道道的伪命题。所谓改革是破旧立新、革故鼎新，而我国20年搞的是“假义务教育”，是误导民众。义务教育是有国际规范的政策，它的原意是“强制教育”，强制适龄学生必须上学，强制政府必须为学生支付学费，任何一方没有履行义务，都要追究法律责任。

可是，我国1986年制订了《义务教育法》，直到2006年秋才宣布免除农村学生学杂费，2007年免除城市学生学杂费。也就是说，之前所谓的义务教育，是学生家长买单，政府落得义务教育的好名声。按照法律，那85%的学生家长要起诉教育部，因为近20年没有支付学生的学费。

这本来是一个极其明显的问题，可是上上下下搞了20年的检查、评估，居然没有人提出质疑，这不是愚昧又是什么！难道不需要对他们进行启蒙吗？

一些大中小学的校长、教师，他们所思、所盼的仍然是择校、培优、上补习班、进重点班、考高分、读名校等。某重点大学四位教授常年包车送子女到市内上重点高中，真是不惜血本。因此，教育改革启蒙不仅要面向民众，而且要面向教育战线上的干部、教师，否则教育改革是难以推进的。

言归正传。

中日两国列举的关键词的不同，说明中国人重视宏观理论，日本人重视细节。有趣的是，在中国青年谈论宏观教育规划时，问“日本的教育思想如何”，得到的回答竟然是“我不知道，日本没有教育思想”。

这算是日本教育的不足之处，即理性主义的缺失。比如说，日本有一个良好的基础教育系统，然而大学教育却非常一般，日本不存在理性主义，缺乏真正独立思考的知识分子。

这也是为什么日本媒体的右翼言论能够轻而易举地让民众跟从的原因之一。

当然，日本人发觉不到这是问题，我们小组讨论时，约定双方各自找出自己国家所面临的三个问题。日本人的问题是：

第一，孩子逃学；第二，有家长虐待孩子的现象；第三，父母给学校找麻烦。

我关注的是第三点，对此百思不得其解。日本朋友解释说，比如说，定了周末学校组织春游，因为下雨，没能去，家长就找到学校，批评老师，说老师不负责任等。

轮到我们提出三个问题时，出现了很大争论。我们发现，需要提出三十个问题，乱收费、校园暴力、补习班、借读、户口制度、赞助费，等等。我主张直言不讳说出问题，但多数同志们认为这是国际交流，要注意影响，于是列了几个小问题糊弄了日本人。

从捕鲸看日本人的“一根筋”

这些年，日本时常因为捕鲸问题遭到国际社会谴责。最近，日本再度启动捕鲸计划，计划捕鲸超过1000头，包括最多50头濒临灭绝的座头鲸。

这是1963年以来最大规模的行动，遭遇国际社会的谴责、绿色和平的抗议和阻止，也是上演了多年的剧本。

1986年以来，世界上大多数国家都禁止商业捕鲸，日本一直我行我素，这背后不仅仅是每年近3000吨鲸肉和10万个捕鲸带来的就业岗位，更多的是文化因素，甚至和日本人的“一根筋”有关。

捕鲸始于17世纪，有着如此悠久的历史，捕鲸业自然也成了“文化”。日本捕鲸协会称，“捕鲸是日本历史和文化不可分割的一部分，禁止商业捕鲸的做法正在掠夺日本文化和传统中的重要部分”，日本大地鲸鱼博物馆的人曾对美国记者说，捕鲸不是一项职业，而是骄傲，是历史。

既然是骄傲，那就不是耻辱。

和西方的罪感文化不同，日本人属于耻感文化。罪感文化的特征是内心有着自省力量，而耻感文化特征是靠集体外部的约束力，靠集体的态度来决定的。

这个集体，不是指世界，而是指日本。耻辱还是骄傲的标准，是按照日本自身的文化价值认同来划定的。

因此，捕鲸这样的事儿，日本社会已经取得了认同，外力的谴责无法使之改变。

仅仅是耻感文化还不够，日本人还是“一根筋”，他们既缺乏西方式的反省认罪精神，也缺乏中国式的灵活和对外界刺激的敏感。因此要做一件事就做到底，不撞南墙不回头，甚至撞了南墙也不回头。

“一根筋”精神有利有弊。

战争年代，日本的战士一根筋，拼死也要打，打不过就剖腹；和平年代，日本的工人可以在一间工厂做一件事，做一辈子。

和日本人谈生意，你会被他们的“一根筋”缠得无可奈何，中国人常见的通融策略在美国、欧洲都可能凑合，但到了日本人那里却很难。

“一根筋”的优点，在于注重细节，诚实可靠，不忽悠；“一根筋”的缺点，在于捡了芝麻丢了西瓜，只见树木不见森林，只注重自己的规则不注重外界的看法。

日本人对待捕鲸的态度，就体现了注重自己的规则却不注重外界看法的特点。体现这一态度的还有很多事。

日本前首相小泉纯一郎参拜靖国神社，就是“一根筋”，他觉得承诺了选民就要履约，他觉得死去的人就是“英灵”，应当纪念，即便他是甲级战犯也要拜，日本官方也屡屡据此进行解释。问题在于，日本政客只注重自身的政绩和文化，却不顾其他国家人民的感受。

这就是日式“一根筋”的症结所在。患有这个病症的人，无法换位思考，无法将心比心，无法遵从国际规则，也无法从宏观角度全面分析问题。

我们可以称这种“一根筋”为文化固执。文化固执是狭隘的，甚至是偏执的，和日本的岛国属性息息相关。固执到极端，就会走向孤立主义，进而走向危险的边缘。

这种“一根筋”，有时候体现的是自我优越感，有时候体现的是不自信。

比如说，中日交流时，中国专家、学者经常爱说中日两国怎么样，会考虑双方的感受，而我发现，日本专家学者更倾向于表述自己的观点，而不是站在中日关系的角度看问题。最极端的例子就是钓鱼岛问题。两国的军舰、飞机早已在钓鱼岛海域近距离接触了，可日本竟然不承认中日钓鱼岛有争端，固执和自欺欺人的程度，委实难以理喻。这体现的是日式“一根筋”以及背后的优越感。

面对美国时，日式“一根筋”就表现得唯唯诺诺，不直接拒绝美国的要求，也不轻易答应，甚至说了“哈伊”（是）也不是答应。结果美国人没办法，直接发布命令，行得行，不行也得行。

在捕鲸问题上，日本也是这态度。西方反对捕鲸，日本人认为是双重标准：凭什么允许挪威、加拿大捕鲸，就不允许日本人捕鲸？而中国人批判日本人捕鲸时，日本人更是反应激烈，他们觉得，中国人本身并不反对捕鲸，只是跟着西方起哄而已。

这似乎也有些道理。

日本人比中国人强的八大优点

每当2005年或2015年这样的抗战胜利整数年，抗战和对日本人的谴责就会成为热点。我总觉得，记住历史是必要的，可了解今天的日本人同样重要。中国人已经不是当年的东亚病夫，日本人也不是当年的小鬼子。

我曾经写过一篇文章叫《日本人的十四个特点》，收录在《差距》一书中，那是西方学者对日本人性格的总结。现在，我想站在中国人的角度做个比较，点评一下日本人和中国人相比的八大优点。如哪里总结得不合适，请直言相告，多多批评。

第一个优点，认真。世界上的事最怕认真二字，日本人认真的程度到了较真乃至变态的地步，这一点中国人比不上。从科研的角度看，这当然好，认真的态度让日本得到了不少科技领域的诺贝尔奖；它在一些领域独步全球，比如说数码、镜片等精细产品；从做生意、谈合作的角度，他们更是认真，每个细节都不放过，但凡和日本人谈合作都得掉一层皮。

第二个优点，干净。去日本出差或游玩，你可以很容易找到不现代、不时髦的场所，可很难找到脏兮兮的地儿。去日本的卫生间，你很少闻到异味。日本人的爱干净、爱整洁世界闻名，都到了有洁癖的程度。

在中国呢，南方倒还好些，北方一些城镇的肮脏让人退避三舍，去了第一次不想去第二次。这不是因为穷，因为有些高档饭馆的卫生间也都是臭气熏天。有人说中国北方人不注重卫生，是因为历史上被少数民族征服后，游牧民族不洗澡、不讲卫生的习惯所导致的，也有人说是北方缺水导致的。但这都不是根本，那种脏加乱的状态，就是懒惰造成的。如果您在北京的办公楼，是不会有亲身体会的。开车离开北京城区100公里，随便找个市镇看看，就一目了然了。

第三个优点，诚实。我们中国把拾金不昧当做好事大张旗鼓地宣传，可在日本捡了东西不还才是新闻。不要说和中国比，即便和美国、英国、以色列这些西方国家比，日本人的诚实也是数一数二的。诚实这一点，我国台湾地区和日本有得一拼，在台湾街头丢了东西，能找回来的概率也是相当之高。

这个论断很容易迎来正气凛然的质问：日本人诚实，怎么不承认南京大屠杀？我首先想说的是，这里的诚实不涉及政治，是指人的道德品质和整个社会风气；其次呢，日本人的教科书，没有否认南京大屠杀，只是语气上轻描淡写，称之为“南京事件”，对死亡人数和中国观点不同。

第四个优点，不给人添麻烦。这是日本人从小受到的教育，给人添麻烦会让他们从心底感到愧疚，可我们缺乏这方面的教育。给人添麻烦不是做坏事，而是因为自己不小心让别人不舒服。比如说，路上开蜗牛车是给其他司机添麻烦，饭馆里吸烟是给其他不吸烟的人添麻烦，机场大喊大叫更是给人添麻烦。这一方面是因为中国人不那么精细，大大咧咧，另一方面是因为我们从小缺乏这种教育和文化熏陶。

第五个优点，集体主义。日本人习惯于听从命令，合作能力强，这是我们所熟知的。日本人行事整齐划一，好处是听话易于管理，坏处是一旦邪恶势力掌权整个民族会跟从，二战时期的对外侵略战争便是典型的例子。

第六个优点，开放。日本是个岛国，对外来事物敢于接受。从古代学中国到当代学西方，它没那么多负担，好东西就拿来为我所用。你如果和日本人说孔子，他可能会滔滔不绝地讲，也不会像韩国人一样说孔子是日本的。而中国学外来事物，总是怕这怕那，经常是学点皮毛，不肯放下臭架子。鸦片战争后如此，甲午战争后如此，当下亦如此。

第七个优点，守秩序。日本人重视集体，你看拿着旗子出游，排队整整齐齐的多半是日本人，而三三两两、七嘴八舌的可能是中国人。

第八个优点，讲礼貌。中国古代号称礼仪之邦，而今确实礼失求诸野。日本人不仅鞠躬，而且平辈、长辈鞠躬多少度都有规矩。我常开玩笑说，日本的右翼即便打恐吓电话，也都会礼貌地说：“请你别说中国人好了，否则我去杀了你。”

随手列举这么多，当然不是说日本什么都好、中国人一无是处。相反，这些年中国在很多领域进步斐然，让日本人心生羡慕嫉妒恨。但是，知道别人的优点，尤其是竞争对手的优点，加以学习、了解，总不是件坏事，对吧？

“拼爹”的中西差别

“拼爹”其实不是个新词。

古代这叫封妻荫子，或一人得道鸡犬升天，新中国成立后这叫老子英雄儿好汉。我小时候，还流行接班，爹是老师，退休后儿子可以继续干。这几年，随着“我爸是李刚”这句名言出现，转化为“拼爹”。有个好爹，可以毕业两年就混上处级干部，可如果没有好爹，可能到退休也就是个处级调研员。

这里的爹，是泛指，未必是亲爹，干爹也成，叔叔大爷也成，总之家族里出了牛人，其他亲戚跟着沾光，以至于中纪委副书记的夫人多年是临时工，成一大新闻。

客观地说，“拼爹”不是只有中国这样，各国都有。

你看看美国，当总统、议员也得基因，老布什当完总统，小布什接着干，然后小布什的弟弟也开始跃跃欲试。而克林顿把资源传递给夫人，也让希拉里大有希望。在美国，你没有好血统、在华盛顿缺乏人脉，也不行。有一次我和傅高义先生聊天时，他说，奥巴马在华盛顿没人脉，因此很多政策没法执行，当总统当得很难。

我们东亚地区更是如此。安倍的外公当过首相，朴槿惠的父亲曾是总统。在日本，父亲是议员，可以顺理成章地把选区传递给儿子，天经地义地子承父业。更不要说在沙特等国家，还保留着血统制。

这事看起来一样，没什么差别，可你仔细研究就会发现，同样是“拼爹”，中西之间还是有差别的。

首先要承认，儿子继承父亲的政治遗产、经济遗产或思想遗产，是近水楼台先得月，不是什么见不得人的事。俗话说“龙生龙、凤生凤，老鼠的儿子会打洞”。政客的儿子有着三寸不烂之舌，善于忽悠；而财阀的儿子对金钱敏感，有商界的圈子这都是正常的。如果合理合法地利用这些优势，不是见不得人的丑事。人人生而平等是个美丽的泡沫。社会需要给每个人公平的起点和机会，拥有好爹的人确实机会多一些。

中西的差别在于，在中国，有个好爹意味着一个人可以垄断机会，他可以走自己的路，让别人根本看不到这条路，这实际上让人才的流动僵化。家庭背景、经济能力、人情世故在社会上所占比例超越底线。纵比，现在的流动性不如20世纪80年代；横比，中国在公平性上不如美国或日本，也就是说，中国的“拼爹率”远高于西方国家。

更重要的差别在于，“拼爹”可能意味着赢家通吃。在西方，一般你只能吃一个领域。有政客的资源，就当个政客；有财阀的背景，就去赚钱；父亲是学者，儿子也可能在高校当教授。可在中国，赢家通吃一切。赚够了钱，混个人大代表或政协委员，混个博士学位并到大学当个教授，产学研跨界通吃；当官也是，退休当个教授或院长，名头好，财务状况也不错；大学教授们也是，名气大了，也不把自己当学者了。在美国，普林斯顿大学的教授，当然可以去国务院当助理国务卿，但前提是得辞职去。

别小看这点差别，因为凡事没有绝对的。没有绝对的平等，也没有绝对的不“拼爹”。只要爹不是万能的，就好！

当然，我说这是中西差别，没敢说差距，一说差距，怕有人说我是西方势力派来的。

中西白领有什么不同

瑞典流行一种新时尚——“午餐节拍”，那就是花上一个小时去蹦迪，然后拿份外卖走人。这种午餐方式“强迫”办公室白领拿出 1 个小时放松，暂时忘掉工作，然后重新充满活力和灵感地回到办公桌前。

这事被国内媒体当做新闻报道，好像这事有多么新鲜，实际上，这不算新闻，而是旧闻。

瑞典这个地方，是民生社会主义的典型。这个国家的人，大都很实在，有时候实在得让你觉得有点傻。相比我们中国人，瑞典人在吃喝嫖赌方面的嗜好少得可怜。他们，追求的是健康的生活方式，对于运动更是痴迷。

中国的记者，看到瑞典人午间去蹦迪，当成新闻来写；瑞典人来北京，也会遇到他们不解的事儿。我前几年曾帮朋友接待过几位瑞典商人。带着他们逛了北京的名胜古迹，走过大街小巷后，一位老兄很认真地问，为什么你们北京的大街两旁，看不到在操场上踢球的小孩子？

这个问题，深刻反映了中西之间的文化差异。中国的孩子天天读书，而学校也被淹没在高楼大厦之间。而瑞典这样的国度，免费的义务教育一直到大学，学校也占据了最好的位置，学校的教育也把体育放在重要的位置。

这样的传统下，上班族也是体魄强健，抽时间锻炼。很少听说瑞典的白领有猝死或过劳死，可在中国你却时常可以看到这样的报道。当然，瑞典不是完美的，这里地广人稀，有极昼极夜，自杀率特别高。

其实，创造良好的环境，鼓励国民锻炼身体，比建造医院效果更好。我去年 9 月份去了一趟澳大利亚，无论是在悉尼，还是在墨尔本，大街上中午都有穿着短裤气喘吁吁跑步的人。可看看我们自己，还都穿着厚毛衣呢。当地的朋友告诉我，澳洲人酷爱运动，澳洲政府也鼓励大家多运动。政府的想法是，环境好，多运动，大家就少生病，少住院，政府和社会的支出就少。这叫算大账，值得效仿和学习。

目前，“午餐节拍”已经发展到瑞典许多城市，欧洲的其他国家也开始流行。这个潮流还得到了许多公司的支持。老板会给员工买票来参加“午餐节拍”，作为一种福利。

支持员工午餐蹦迪的老板，算是明白人。员工身体好，工作效率才高；员工生病少，耽误公司的工作就少，可谓双方共赢互利。

这种中午锻炼的方式在中国的大都市里也已出现。前几年我在北京的东二环上班，中午有时候就约朋友到卡拉 OK 厅吃饭，边唱歌边吃饭，其乐融融，也不费钱。最近，有些公司的人中午买了盒饭，然后一个部门集合起来练瑜伽。利用休息时间锻炼了身体，还可以增进沟通和了解，一举两得。

当然，健身这事在中国还是不够普及。有时间的，要么大吃大喝，要么睡一觉；没时间的，匆匆几口后又投入工作之中。大家可别忘了，身体是革命的本钱，无论如何，都别亏待自己的身体。不妨学学瑞典人的“午间节拍”，或开创类似的活动，坚持几个月后，或许真的身体倍儿棒，吃嘛嘛香！

中国人是如何糟蹋书的

最近，我出了两本书，一本是研究新媒体与中美关系的作品《第五次变革》，另一本是和杨佩昌、章文两位好友合作的《中国人到底想要什么》。有些朋友捧场支持的同时，有些莫名其妙的问题让人心里堵得慌。

有个最让人无语的问题，我在出第一本书的时候就碰到过。那就是：啊，你出书了啊，给了出版社多少钱？这话的意思是，这年头出书没啥稀奇的，有钱就能做到，应和了有钱能使鬼推磨的实用主义逻辑。甚至有出版行业的同学打电话来，说以后出书找我啊，看在老同学分上，收钱肯定比出版社少。

我的家族明代出过状元（不是吹牛!），因此从小耳濡目染把读书、写书看作一件很神圣的事。高中时读路遥先生的《早晨从中午开始》，意识到作家的痛苦和贫困，于是决意不以写字为生存方式。不是靠出书谋生，当然也不愿掏钱出书。出书，更像是一个精神上的追求，因为人一辈子不过百年，倏忽而过，而你留下的文字，或许可以穿越下一个百年乃至千年。当然，也可能只是废纸一堆。

可惜，这个时代不是这样。出书，或许是为了评职称；而写论文，也是为了完成指标。于是乎，学术期刊编辑部收版面费，出版社收钱出书，开始还谨小慎微，时至今日潜规则变成了明规则，正常途径反而成了歪门邪道。

在这种状态下，很多书出版后束之高阁，很多所谓学术书作者的目的就是不让人看懂，甚至作者自己都不太懂。即便那些市面上的畅销书，要么是国家战略需要，要么是靠民族主义赚眼球，更多的则是一些实用的书，如何发财、如何经商、如何管理等。

在中国，出什么书最赚钱？据我所知，是教辅书。出版社整体来说不是富裕的机构，可垄断教辅书出版的机构简直是富得流油。在全国绝大部分市镇的书店里，卖的多是教辅书，赚的都是孩爸孩妈的钱，真正好看、有营养的作品不多。

这事儿挺有趣的，大人自己不读书，拼命让孩子去死记硬背那些应试读物，这也是中国的一大怪了。我在英国、德国坐地铁，里面很多读书看报的人；可在中国，读书的人少，大都是拿着手机看段子、玩游戏，即便看书，很多也是那些风花雪月的网络小说。

我们这个最早发明活字印刷的国家，在人均读书量方面远不及发达国家。据统计，以色列人均读书 57 本，我国人均读书 4. 3 本。

怎么会这样？中国人到底是如何把书这个东西一步步糟蹋烂的？这事儿得从秦始皇开始算，他老人家焚书坑儒，毁了不少好东西。后来汉武帝罢黜百家、独尊儒术，让儒家之外的东西变成了非主流。唐宋时期文化界星光灿烂，宋代的读书人享有了罕见的高光时刻，可蒙古的毁灭性入侵让华夏从文明走向野蛮。

其实，元朝也不是一无是处。它虽然以粗鲁野蛮的方式统治中国，但由于没什么文化，反而不计较大家写什么、唱什么，这促进了元曲的发达。明朝时期出了几本名著，可到清朝时文字狱的变本加厉让出版界噤若寒蝉。

民国是难得的文艺复兴时期，堪与春秋时期相媲美，是个大师辈出、星光灿烂的时代。

以前，我还相信华夏亡于崖山之战的说法，现在不信了，真正的崖山是“文革”。这个可悲的年代对文化的毁灭造成了巨大的损失，造成了文化的断层。这种断层，需要百年乃至更长的时间来修复。

因此，我和朋友们介绍如何买书时，都习惯性地说一句，这很简单，买 1949 年之前中国人写的书，或者 1949 年之后外国人写的书。我当然不是否定所有当代作品，只是想说，从当代作品里找本好书，太难。

比如说，很多人吵嚷着中日必有一战，可有多少人认真研究日本？有多少人认真读有关日本的书？关于日本，当今又有几本把它讲透的书？关于日本的书，美国人本尼迪克特写过《菊与刀》，日本人新道户稻造写过《武士道》，民国人戴季陶写过《日本论》，今人呢？有何关于日本的传世之作品？

我曾就此和一位资深日本问题专家探讨，他笑我无知。他说，我主编了一套关于日本的书，20 多本呢，你没看吧！我当时竟无言以对——攒材料编不算写书吧？

您也许会问，唠叨半天，你自己的书怎么样？老实说，我没梦想它会多流芳百世，只是有一点还不觉得惭愧——这是认真写的，体现了我的真实想法。

别把教授当小偷

如果你知道中国还有性学，那么应该知道潘绥铭教授这位中国的性学泰斗。去年秋天，潘教授不太走运，先是被审计出问题，然后被迫提前退休。

我和潘教授是在阿姆斯特丹相识的，之前对他的大名早有耳闻。大学教授，为了研究，和性工作者聊天，了解他们的生活和想法，这种实证的田野调查研究方式，是教授必备的。性工作者的时间也很宝贵，聊天当然要付出，可这份支出却没法开发票，因此被审计出问题。

发票是个很有趣的事，也算中国特色。某些官员嫖娼可以开发票依然逍遥，可教授做研究没发票却成了罪过，此等荒谬之事确实发生了。阿姆斯特丹的街头，性工作者都会讲几句中文，其中就有开发票，官员公款嫖娼之泛滥可见一斑。

不可否认，高校教授拿课题经费中饱私囊、贪污腐败的确实有，应该严查。问题是，从课题的立项、申报、执行、验收等一系列环节，都充满大量寻租行为和蝇营狗苟之事，这种行政主导下的课题制本身就是滋生腐败的温床。一言以蔽之，就是行政官员把教授当小偷，处处设防，反而忽视了研究本身的规律和意义。

前几天我和清华的一位朋友聊天。这位年轻教授说，外出参加科研会议，邀请方好心给负担了住宿，可回来后却无法报销机票，行政人员的说法是，机票和住宿一体，缺一不可，结果被迫开了证明信才得以过关，并被警告下不为例。更可笑的北京另一所高校的某研究中心，课题研究人员打车时没要一块钱的燃油附加费，结果导致打车费无法报销。

这只是僵化管理的一部分，课题的获得更是黑幕重重。关系、师承、领导意志占据了主要环节，科研本身的重要性反而退居其次。

对于科研的管理，是个难题，我也不是这方面的专家。但这中间有几个基本的道理。第一，尊重科研人员，别把他们当小偷。给予他们充分的自我思考、自我成长、自我决策的空间。第二，眼光要长远，别天天盯着一些具体的指标。我们的大学教授和科研人员，天天被迫忙着发论文，完成考核目标，导致大量无用功和弄虚作假，不信你看看，各大学或研究机构的学报，大部分论文是拼凑的，只是为了完成指标评职称用。第三，管理人员要专业，去行政化，在教授治校的原则下发挥大家的才华。

最为重要的是，对于科研的态度要转变。我建议把风投的理念引入研究课题。国家或机构投资科研，应该准备好失败，准备好没有成果。投入100个项目，有一个项目成功，对社会的贡献就有了，收益也就有了，风投就是这样的思维方式。一些谨小慎微的行政官员主导下的课题制，把教授当做小偷处处设防的管理方式，该结束了。

别认为自己一定是对的

近几日，办理赴台手续，既需要在北京市公安局办理赴台通行证，又要通过旅行社拿到台湾出具的入台证。好不容易准备齐材料，收到通知说，还要政审，貌似还要继续折腾一番才能成行。

台湾是我们伟大祖国的一部分，因为两岸分隔的现实，去一趟麻烦可以理解，要想省却麻烦，也可以像林毅夫先生一样游到对岸去，不过，按照当下的两岸和平友好关系，被遣送回来的可能性较大。

我们很多出国的人，都习惯了先办个护照，再办个签证，似乎觉得这些天经地义。本世纪初，我去德国时，和一个瑞士人聊天，他很认真地问，你们中国人到德国需要签证吗？当时我觉得这哥们脑子有问题，不签证怎么出国啊？后来聊起来，才知道到世界任何一个地方都需要签证的地方是中国大陆。台湾人、香港人，都可以到超过 50 个国家，买机票就走人，无需签证。

到如今，很多人都知道了这个让中国人无比沮丧的事实，我也无意就此深入探讨。这里想说的是，不是那个瑞士人的问题傻，而是我们根本站在不同层面上对话。在他眼里，出国还需要签证很费解，而在我眼里，出国怎么能不需要签证。

这就是文化的差异。不同文化环境下成长的个体，会形成不同的思维模式。不同国家的人有时候无法相互理解，同一国家内不同民族的人也无法相互理解。文化其实没有高低贵贱，只有理解和宽容。中国人以勤劳著称，起早贪黑地工作，在我们看来是美德，非洲人快快乐乐地享受生活，也不能说他们错。

这就是文化交流的乐趣所在，有时候外国人轻描淡写地讲一个问题，恰恰是我们习以为常但未必正确的事儿。

中国的树为什么长在马路边上，这是一个法国外交官问笔者的问题，至今仍没有标准答案。路边的树，自然是人种的，我们国家土地少，人口多，森林覆盖率低，这些年乱砍滥伐更是让许多地区的人只见树木不见森林，自然生的树林对平原地区来说绝对成了奢侈品。于是，国家早在20世纪80年代就发出了“植树造林、绿化祖国”的号召。我们已经习惯了路边树木一排排、远处村庄一座座的情景。可这对老外来说，就难以理解了。如果乘火车在欧洲旅行，你会发现沿途不是整齐划一、种类一致的树木，而是十里不同景，完全一片自然风貌。

老外的这个问题，会让我们深思。真的，树不一定长在马路边，但长在马路边会显得这个地方树多，植树造林工作干得好。脸面要好看，背面好看与否，再说吧。

想想我们自己，是不是经常和别人争得面红耳赤，总认为自己是对的？是不是总是以为某些想法很愚蠢、有些问题很弱智？是不是觉得真理在自己这边？这时候，最好平心静气，换位思考，不要总以为自己是对的。

不做赶路人

出门旅游，我给儿子办护照，他不停地问还有多远到，那里什么样，显得颇为着急。

我说，孩子，不急，咱们一家人出来，一路在一起，开车、找路、路上聊天，多好，要享受这个过程。就像爬山，你是低着头什么也不看爬到山顶呢，还是一边爬山一边欣赏路边的风景呢？

8 岁的孩子貌似听懂了，高兴地说，当然要一边看风景一边爬山。

知易行难。我这么教育孩子容易，自己也时常在奔忙的路上忽略了身边的人和身边的风景。

正在读这篇文章的你，难道不是这样吗？或许你喜欢这篇文章，但因为 10 分钟后要赶去一个饭局而不得不匆匆出发；或许你讨厌这篇文章，或许会没有读完就骂声无聊而关闭网页。

这就是中国人的急躁。对此，《新周刊》曾有过经典描述：中国人爱着急，最爱“快进”，狂点“刷新”。评论，要抢“沙发”。寄信，最好是特快专递。拍照，最好是立等可取。坐车，最好是高速公路、高速铁路、磁悬浮。坐飞机，最好是直航。做事，最好是名利双收。创业，最好是一夜暴富。结婚，最好有现房现车。排队，最好能插队。若不能，就会琢磨：为什么别人排的队总比我的快呢？

以乘电梯为例，我在国外旅行，很少有人去按电梯的“关门”按钮，听到有人来也会按住“开”等下。而在国内乘电梯，总有人迫不及待地去按“关”，半秒钟也不愿等。

美国《侨报》总结为“三躁”——急躁、浮躁、暴躁。我们一遇到排队，就抓耳挠腮、顿脚搓手，一会儿看表、一会儿望天，一副失魂落魄样儿；每逢堵车，先是嘴上骂骂咧咧，继而手摁喇叭不停，放眼望去，马路上全是“路怒”族；为了房子、车子、票子、面子，你追我赶，攀来比去。什么三思而后行，什么戒骄戒躁，什么欲速则不达，早抛到九霄云外了。

我们如此匆匆，心急火燎，到底为什么？我们急着赶路，到底是要走向何方？有什么药物可以治疗急功近利这一心理？

我们急，不是为了领先，而是为了不被抛下。社会学家孙立平认为，中国社会不是金字塔，而是马拉松。金字塔社会，如果安于底层生活，可以过上贫穷低贱的生活而心安理得，印度的贱民即是如此。然而，在马拉松社会，每个人都需要奔跑，如果慢了就会被彻底抛弃。被抛弃的结果是，看着别人远去的背影，永远和这个社会脱节。

法国《新新闻》杂志也有类似分析。法国人认为，中国是个发展迅速却不平衡的社会，一方面经济飞速发展，社会面貌日新月异；另一方面许多问题十分突出，环境问题、社会福利不健全、贫富差距和社会公平问题都亟待解决。或者干脆说，如此多的人口和如此辽阔的国土本身，就是无法回避的大问题。这种复杂性很容易造成社会不同阶层的情绪偏激和思维偏执。

法国人可以分析，但未必能真的理解。

他们无法理解中国 1979 年以来为了抢回失去的时间建设四化的急

迫心理；他们无法理解中国人在 30 年里完成别人 100 年要做的事所不得不经历的巨变、不安、焦躁和无奈；他们更无法理解一个文化断层、失去信仰后的国度面对金钱刺激所产生的抑制不住的狂热。

客观而言，不是我们急，而是社会裹挟着我们被迫急。

然而，主观层面，作为独立的人，并非没有选择。面对社会的汹涌大潮，人心中的那块信念之石才是岿然不动的中流砥柱。

不急，需要读书。古人说知书达理，胸中有万卷书方可处变不惊。我高峰时间在伦敦搭乘地铁，等到第四辆列车开来才排队上去。英国人大都拿着书或报纸，静静地排队。没有喧哗，更有被挤上去的景象。这种书香下的泰然自若，我们尚有差距，需要学习。

不急，要有爱好。随着社会竞争日趋激烈，很多人忙于工作和应酬，除了挣钱吃饭睡觉，缺乏自己真心喜爱的事物，纯粹是为了活着而工作，为了挣钱而工作。我帮朋友接待过一个瑞典客人，这位老兄去颐和园时看着树上的鸟半天一动不动，和我说他是个观鸟爱好者，到森林深处看鸟、听鸟。

我们或许觉得这样很无趣，不如来一圈麻将过瘾。可人的这种爱好甚至嗜好，是心灵安静的源泉。中国古代不乏此类人。陶渊明“采菊东篱下，悠然见南山”的闲散，令人神往。禅宗说，不是云在动，不是风在动，而是你的心在动，说明人内心深处的宁静才是根源所在。

其实，克服急的方法很多。泡壶功夫茶，舌尖里回味余香，可以让人安静；开一瓶红酒，看着挂在杯壁的紫色液体缓缓流下，品品它是吐鲁番的葡萄制成，还是法国普罗旺斯的葡萄制成，也别有一番意境。

一位老中医也曾给我十六字箴言：静以修身，俭以养德，中庸和谐，外圆内方。如果做到这十六个字，急躁之情必可缓解。

戒骄戒躁、稍安勿躁，加强个人修养是一方面，关键还需要制度给力，用制度保障公平公正。唯有让国民活得更有尊严，才能不“躁”。

制度给力，就是国家在快速发展的过程中，制度建设要跟上，对医疗、住房、教育等公众关心的问题早日解决。欧洲人多年来过着慢悠悠的生活，因为那里有一套从摇篮到坟墓的福利制度，人们只要尽心做事，无需为将来担心。近年来随着金融危机的扩散，欧式福利制度遭遇挑战，欧洲人也不再那么淡定了。

对于中国而言，挑战在于如何在经济的快速发展和福利制度供给方面保持平衡，并由此给公众信心。

古人讲，不患寡而患不均，用制度保障公平是又一要素。除了分配、再分配环节的公平，在具体小事的设计上也要注重细节，保证公平。在首都机场，前些年排队乱哄哄，经常出现插队吵架现象，近来引入了排队线，一个入口，大家依次前行，想插队都难。银行前些年也是争吵频发之地，引入排号机后大为改观。

制度给保证、社会有公平，人才可以安心做事，才能有尊严，这样可以防止全民急功近利，让每个人都各尽其责、各得其所。

为什么不多点信任

在南京出差，住在大学城的一家普通招待所，房间干净，可以上网，服务员态度也不错。由于第二天早上要6点离开赶飞机，于是和服务员商量，能不能当晚先结账，早上直接走，这样一则是省些时间，二则不必让工作人员特意早起。

可这个要求，店家无论如何也不答应。理由很简单，你走的时候，我们要查房。可房间里真是空空如也，除了毛巾和洗漱用品外空无一物。我说你相信我们，你房间里没东西，我会拿什么？说了两遍，服务员不高兴了，说你怎么这么讲话呢，房间里有床单啊。

如果从人性本恶、本自私的角度，查房都是必需的，这个制度在中国一直在不折不扣地执行。无论是上海、深圳的五星级宾馆，还是边陲小镇的招待所，都要在客人走之前查房，生怕你偷着顺走点什么东西。

这就是中国与许多欧洲国家的区别之一，我到过的欧洲国家，偶尔碰到过退房前要查房的，但多数情况下不会因为查房而耽误你的时间。在慕尼黑一家宾馆，退房时服务员笑着问，房间冰箱里的饮料是收费的，你动了没？我说没有，服务员就笑着说，OK，然后结账走人，很简单。

别说是宾馆，就连一些收费的博物馆，也对人持信任态度。我有一年在德国、意大利、法国、瑞典等国当背包客，凭手里的中国新闻出版总署颁发的记者证，畅通无阻，都实现了免费进入。问题在于，这个记者证上除了 PRESS CARD 之外，都是中文，没有人看得懂，但所有这些地方的接待处，都没有刨根问底，看我究竟是真记者还是假记者。在柏林的历史博物馆，看门的老太太连证件都懒得看，我告诉她，我是中国的记者，来看看，她说，噢，中国的记者啊，欢迎欢迎，打了一张免费的票，我就进去了。

这就是信任。人与人之间有了基本的信任，就会节省很多的时间成本；相反，彼此信任度低的社会，会浪费很多不必要的精力和时间。假冒伪劣、欠债不还、传销、有毒食品，这些都让信任危机成为当今社会的话题。

记得前些年看过郑也夫先生《信任论》一书。书里有个例子。在信任度极端低的状况下，你买菜，交了 100 元，卖菜的完全可以不承认，因为你如果没有拍照，无法证明这 100 元是你给他的。

当然，我们的社会还没到那个地步，按照郑先生的理论，信任是从亲属逐渐走向熟人和陌生人的。亲属与熟人间的信任称为“人格信任”，而陌生人间的信任是由货币系统和专家系统组成的“系统信任”。我认为，当今社会“人格信任”降低到危险的程度，而“系统信任”尚未构建成功。

这就是中国和西方的差距所在。按照日裔美国学者福山的研究，认为美国、日本、德国属于典型的高信任度的国家。而韩国、意大利、中国则是低信任度的国家。在高信任度的国家，易于形成私营大型公司，在低信任度的国家通常只能形成私营家族企业，无法超越家族，在异姓人中合作。

我们在经济实力迈向世界第二的同时，信任度在内的软环境建设更需加强，否则，不仅阻碍大家幸福感的提升，浪费时间，还不利于民营企业的做大、做强。

中国人为何不爱守秩序

读大学的时候，俄语系的老师讲了这么个故事：

他向俄罗斯的同学讨教，问“加塞”这词俄语怎么说，对方愣了半天，说没这词儿，他们国家人人都排队。

我不懂俄语，“加塞”这词俄语里有没有也一直没去查证，可这些年走出国门再回到国内一对比，确实可以感受到中国人不守秩序。

比如说，任何一个国家的机场里，最乱糟糟、闹哄哄的肯定是飞往中国的航班，酒店吃早餐时如果人声鼎沸且取餐时不排队，肯定是中国旅游团来了。为此，德国有的餐厅给中国人单独开辟一个地方。如果较真呢，是老外歧视；如果反思呢，是自己确实不守人家的秩序。

在国内，加塞、乱穿马路更是家常便饭，无需多讲。我一直在想这背后到底是什么原因，可一直也没有得到标准答案。如果找三大原因，我想一是文化基因，二是管理体制，三是教育。

文化基因恐怕是根本，文化基因的养成又是政治起了决定作用。翻看中国的历史，不是马克思所讲的线性进化，尤其从人性的角度似乎不是一直进化的。春秋的古典时期，中国还有不同阶层各安其位的秩序，可秦改变了节奏，并一统六国。陈胜、吴广喊出的“王侯将相宁有种乎”，成了暴力改朝换代的思想源泉。政治秩序，要么是高压，要么是不堪高压而起义，成了恶性循环。

暴力改朝换代，让中国人的基因里少了平等意识，少了秩序意识，崇尚潜规则和暴力最强者说了算。

另外，历史上外族入侵和自然灾害，造成劣胜优汰，而不是优胜劣汰。你想想，外族入侵，最勇敢的人都死了，比如说南宋精英阶层的整体被消灭，活下来的大都是怯懦者；自然灾害袭来，先死掉的肯定是无私的人，肯把粮食和别人分享的人，而活下来的多是自私的人。

流氓也可以成为皇帝，抗击异族勇者亡，灾害面前自私者活，其结果是失序，活下来就得抢，就得斗，活着就是硬道理，这样的基因传递应该是中国人不讲秩序的根源所在。

管理当然也很重要。我有时候和朋友开玩笑说，哪儿乱，交给英国人、日本人或德国人管上三年，保证能大变样。我们对违规者的惩罚，太弱了。当不守秩序的收益高、风险低的时候，人们自然会如此。清末，东直门外依然有人到处撒尿，德国人急了，说谁在这么干当场枪毙，有人以身试法，结果真的被当街打死。这样草菅人命固然不对，可问题来了——以后东直门外确实没人到处随地大小便了。

更可行的是教育，就是讲秩序从娃娃抓起。我建议教育部给全国的小学提出硬性要求，把爱的教育贯彻好，把秩序、尊重落实好，而不是死记硬背那些高大上的价值观。小学毕业时，别管背了多少古诗和单词，别管学了多少特长，只要懂得爱、尊重和秩序，就是合格。当然，任何好的习惯都会被社会这个大染缸给弄坏，这是后话，奠定良好的基础总是应该的。

如果这些都做到，像2014年最后一天发生在上海导致35人死亡的踩踏悲剧，或许可以避免，这需要多年乃至几代人的努力。

基本道德缺失是中国最大的伤痛

最近不小心看了几眼电视，我是说，中央台、北京台的新闻，依稀回到从前。新闻依旧在报道着各种榜样，依旧是为了工作连老婆孩子生病也不管。而网络上，依旧是各种匪夷所思的恶性事件，比如说，偷情者打死女情人的两岁孩子。

我想，道德很重要，也高举双手支持国家的以德治国方针，可是，单靠宣传榜样，显然不靠谱。那些太高尚的道德凡人做不到，反而是基本道德应该坚守。

我们长期以来在评比道德楷模时，总是喜欢夸大，动辄就是见义勇为、舍己为人，动辄就是甘于奉献、为国献身，动辄就是母亲即将病逝却依旧坚守岗位，超出了常人可接受的范围，因而造成了德育的空泛，进而造成道德的缺失。

我们需要弥补的不是高尚，不是伟大，而是遵守基本道德，遵守基本的规范。

首先需要提及的是行为的基本规范。办事排队、过马路看红绿灯、碰了人说声对不起、上完厕所冲马桶，这是最基本的常识和基本道德，可如果你在外奔走一天，肯定会碰到诸多不遵守这些规矩者，你如果遵守规矩，反而成了傻瓜，说中国是礼仪之邦仿佛成了全世界最大的笑话。

守规矩就是古人说的“盗亦有道”，“君子爱财，取之有道”。在美国，哥伦比亚大学商学院的学生有一门关于道德规范的必修课。学校方面指出，道德规范并不是让学生拒绝高薪工作，而是让他们思考应该用什么方式赚钱。

其次便是待人接物的基本规范。比如说，官员们在对普通百姓时有话好好说，别总是喜欢眼睛看着天打官腔；再比如，看到交通事故时表示关切，而不是看热闹。对此，龙应台总结得最好：人懂得尊重自己——他不苟且，因为不苟且所以有品位；人懂得尊重别人——他不霸道，因为不霸道所以有道德；人懂得尊重自然——他不掠夺，因为不掠夺所以有永续的智能。

再往深处想想，需要遵守思想上的基本道德。在日本，人们的基本理念是“不要给人添麻烦”，小孩子从小就受到这样的教育，规规矩矩；在韩国，小孩子从小受到的教育是“一定要争第一”，这造就了韩国人的拼劲；而在中国，基本道德和价值观的教育是混乱的，当面一套背后一套，老师一套家长一套，课本一套课余一套，校内一套校外一套，让人无所适从。

其实，第一需要遵守的基本道德是诚实。当年朱镕基给上海会计学院题词时言简意赅地写了“不做假账”，哈佛大学的 MBA 学员在毕业宣誓的誓词里，第一句话就是我将以最正直的方式行事，以符合道德规范的方式从事我的工作。然而，对中国各界来说，诚实实际上是奢侈品，如果中国每个人在睡觉前数数自己一天说了多少次谎话，然后相加，肯定是一个天文数字。

第二是平等。佛曰众生平等，而在中国却是人分三六九等。当年刘少奇同志握着掏粪工时传祥的手说，我们是平等的，只是分工不同而已。现在，中国缺的是这种精神，就连养老保险，也要硬分公务员、事业单位、企业、乡镇几等，还长期不把农民包括在内（最近的养老金并轨要赞一下!）。从某种意义上来说，自由诚可贵，平等价更高。

第三是善良。《三字经》里说“人之初，性本善”，我觉得把善良的标准可以降低一点，不要求你舍己为人，但尽量做些利人不损己的事情总是可以的。比如说，有人问路，尽量跟人说清楚，别像北京东直门那位仁兄一样，挂个收费指路的牌子遭人笑话。

这些看似琐碎的“小事”，实际上背后是一个民族的价值观。中国古代讲究仁义礼智信，讲究仁恕和孝道，偶尔还信点儿鬼神，做了坏事怕遭报应。当代中国在吸收了西洋的物质文明后，在吸收其精神文明方面仍存争论。前一阵，国内媒体还就是否有“普世价值”争论不休，其实，何必拘泥于那些概念之争呢？无论中西，无论发达还是落后，人总是有共同追求的东西的，任何民族也不会拒绝诚实，拒绝善良，拒绝平等。之所以出现这种争论，是因为本民族文明的传承遭遇了“文革”式的毁灭和随之而来的物欲侵袭，对自身深深地不自信，外在反映是基本道德的缺失，而实际内涵是价值观和信仰的缺失。

价值观很重要，因为它决定了一个社会如何面对现代化的挑战——与自由市场能否接轨、全球化的竞争能否适应、政府管治的清廉与否、公民意识的建立有无等。一个缺乏恒定统一价值观、缺乏信仰的民族是不可能成为一流的民族的。

据此，我做一个三段论式的推演。加强公民的基本道德水平，从而培育恒定的价值观，进而中国才能成为真正的一流国家。

第四篇　当今中国最大的危机

坦白从宽：我曾经带着仇恨去日本

本文为我参加“高和分享”与中信学术出版社6月27日所举办的“战后70年——中国与日本的十字路口”活动的现场讲话稿。

活动嘉宾：刘柠（作家）、刘建平（中国传媒大学国际传播研究中心副教授）、王冲（专栏作家，国际问题评论员）。主持人：张彦武（编辑、记者，香港城市大学媒体与传播系访问学者）。

主持人：坐我旁边的是王冲老师。王老师是资深的媒体人，察哈尔外交学会的研究员，北外公共外交研究中心的特约高级研究员，也是社科院日本政治中心的特约研究员，他的新书也有两三本，包括最新的《第五次变革》。王冲老师以前是我们《中青报》国际部的资深记者。我记得那时候他比较早的书出来的时候，他去观摩美国大学，那时候奥巴马还没有当选。当选之前奥巴马就接受过他的独家专访。王老师您的专长以前应该更多的是侧重中美关系、美国问题。但因为美国因素也是中日关系里面的一个非常大的变量。您对日本问题、对中日关系的关注比较早可以回溯到什么时候？

王冲：我最早去日本是十年以前，我想回顾一下，我那次是带着仇恨去的日本。为什么带着仇恨去的呢？因为在2003年的时候，我就参加过童增他们组织的保钓行动，最后虽然我没有登上岛，但是中间活动也参加了很多。再给大家透露一下就是我们《中国青年报》国际部，从领导到记者都是对日本有着很强的情结，不能叫仇日、反日，总之是属于对日强硬派。我那次是日本外务省请的，我走之前同事就跟我说了一句话，说“你去，这就是日本人给你的糖衣炮弹。你一定要把糖衣留下，炮弹打回去。”

为什么糖衣留下呢？当时正值小泉纯一郎担任首相，中日当时我们叫“政冷经热”，政治关系并不好，所以回来在历史问题上继续对日本进行无情的批判。但是有一点，我对日本没法批判。就是一直到现在，我一直是对日本进行表扬的一个态度，就是教育问题。因为我到那儿发现日本的义务教育，从幼儿园开始到大学这些体制、这个系统，比我们中国强太多了。我觉得我个人观察中日关系，一方面是有理性的方面，就是说我的职业以及我对历史的认知，可能我要客观理性。但同时，人毕竟是人，也免不了那些感性的成分。我承认我对于日本教育的观察有一些感性，可能它内部的一些问题我没有看到。但是我更愿意讲它教育方面的一些好处，来映衬我们今天教育发生的一些问题。所以我就等于是把日本在这里拆开了，它好的地方我就会使劲地夸，差的地方我就使劲地批。

到了2007年，这个问题迎来了一个转折点，那时候安倍上台担任首相已经多半年了。大家知道安倍现在对中国很强硬，但是安倍第一次担任首相的时候，立即就来中国访问，对中日关系当时起到了一个非常大的改善作用，他提出了中日的战略互惠，“两个轮子一起转”。安倍第一次担任首相后，我国的对日报道发生了一个大的变化。

我举一个例子，2007年日本71名议员参拜靖国神社，我们驻东京的同事发了一篇消息，如果搁现在那肯定是全国媒体跳起来进行批判，强烈地批判，愤怒地谴责。但那次我们放那篇消息被勒令删除，就是中日友好期间，你怎么能发这样的文章？那次的打击是我离开记者生涯的一个重要原因，也是我重新从另外的角度观察中日关系的一个改变。我觉得历史问题是很重要，领土争端也是我们要维护国家利益，但这种国内的政治以及对方国家的政治变化之间到底是什么关系？在我看来，无论是中日友好还是中日不友好，对历史问题的认真的一个追究是不能因为这个改变的。因为那时候中国态度变化以后连《朝日新闻》都看不下去了，他们的记者写了一篇文章就说中国对历史的态度是不认真的，是不负责的，完全是当做一张牌来打。我觉得这也是我们被日本看不起的一个很重要的原因。

所有这些问题有日本的原因，但是我们作为中国人更多要反省自己到底出了哪些问题。第一，在政府层面到底是一个什么样的态度来对待历史问题？我们想想，历史问题 80 年代的时候怎么就不那么明显？怎么 90 年代的时候中日还依然友好？怎么忽然到了某个环节历史问题就又提出来了？我觉得这是对历史问题的不负责。

中国对整个中日关系缺乏一个战略性的判断或者一以贯之的东西，就是说我们的外交很多时候是实用主义的、功利主义的。这个时候我需要日本了，就赶紧拉拢日本，比如说对付苏联。我强大了又可以来借机修理下日本，跟内政外交结合起来修理一下对方。我们缺乏一个战略，比如说长久以来讲中日友好，友好是一个文学类的词，一般来说很难想象一个文学类的词放在外交里面。没有中美友好，不会把中美友好放在里面去，尽管是中美联合去打败的日本。但是我们看我们的外交发现，但凡提友好的，最后结果都不好。

当年中苏友好，最后结果大家都知道。然后我们跟朝鲜是同志加兄弟，那也是血浓于水的关系，结果现在也是不好。

当然也有积极的方面，为什么 80 年代我们没人关注这些？因为确实那个时候你提了也没人理你，那个时候是闷声谋发展，韬光养晦。那个时候实力不济，回过头来想想，越南人民有反华抗议，我们在意这些东西吗？我们不在意他们，因为越南你再怎么闹，你是一个小国，不是跟我们平起平坐的竞争对手。菲律宾总统阿基诺三世前一阵公开讲话“中国就是纳粹国家”，我们大家生气吗？我们当成一个笑话。实际上中日关系的这种矛盾是随着中日实力的一个提升，中日力量对比的一个变化而产生的变化。就是说国际关系讲实力，刚才一开始刘建平老师讲了，最终还是实力。80 年代讲，90 年代讲，没有实力那是白讲。

现在我们需要谨防的一点是什么呢？就是一种暴发户的自我膨胀。我觉得我们这几年外交有这种抛弃韬光养晦，就是以前是别人打我我骂谁，现在是不会主动打别人，但是现在有一种趋势就是我想干什么就干什么，就是很任性。我们现在外交很任性，对日也体现在这方面，我不见你就不见你，我不高兴就给你一张不好的脸色，实际上还是缺乏理性的态度。

中日问题最终解决一定需要一个日本的或者首相或者天皇的一个正式的道歉。甚至这些中国可以明确地提出来作为一个中日关系的一个基础，我觉得现在中国是很模糊，没提这个。比如我们新一届政府出来一提，只要不满足日本正式道歉这个条件，我们领导就不见面，哪些事情不能做，可以给它这个压力的。甚至中日建交的时候，我们中国是面对来自苏联的压力，但是日本当时压力更大。你想当时作为日本老大哥最亲密的盟友瞒着日本，像尼克松访华，跟中国友好，“越顶外交”，那时候对日本的震撼相当大，那个时候中国对日本的需求跟日本对中国的需求实际上很难说谁更大于谁，甚至日本的需求更大。这就是为什么它准备了500亿美元，他是准备付出，也要准备做这个的。

但是现在中美日之间又陷入一种新的问题，就是美日又进入一个蜜月期。因为有时候说日本就不可避免地谈到美国，我就稍微提一点。现在是个什么关系呢？我就打一比喻，日本就像是美国的“小妾”，如果说美国的正统是欧洲的话，“小妾”就是日本，这俩现在又进入一个新的蜜月期。中国跟美国就像“情人”，今天可能好了就好了，明天可能就吵一架，但是关系也不会坏到哪去。这种关系下有人也说中国就是争取日本来一起对付美国，但这是不可能的。人家既是“妾”，也是法律关系，也是盟友关系，我们中美关系再好也超越不了那个。我们能做的是什么呢？能做的实际上就是在满足了日本道歉这么一个解决历史问题情况下，对于日本成为正常国家的这个诉求，我们应该采取一个什么样的态度？上个月在东方卫视，当时我们聊日本的军国主义倾向，日美同盟关系，以及日美防卫指针的调整，当时我就忽然提出这么一个问题，就是说我们中国能不能接受日本成为一个正常国家？能不能接受中国跟日本作为两个强国在亚洲共存以及互相的正常竞争？有竞争是正常的，没有竞争是不正常的。能不能接受这些？日本以后还要谋求成为安理会常任理事国，曾经中国是拿出极大的外交资源去阻击。下一步我们对日本所有这些正常化的诉求到底是个什么态度？我觉得可能往前看的话，可能在这个环节里面，这种赔偿确实对政府来说可能不是一个最主要考虑的问题，但是我同意民间的赔偿还是需要来自各界的很大的支持。

昨天我跟王选老师通电话，王选一直在做对日民间索赔的一些实际工作，像细菌战那些。王选跟我说，你们不要总是高谈阔论中日关系这些宏观的事，不要只是泛泛地去谈，中国要多些人来做实事，我对这个还是特别赞同的。后来我跟她回应说有人要做实事、有人要做研究，这个缺一不可，大家是互相补充的。但确实是，中国要解决这个问题，还是第一就是不要有受害者心态，第二是树立胜利的意识，第三，最重要的是把自己的事情做好。我有一次在凤凰卫视说了一句，等什么时候中国就战胜日本，就比它强了？就是等我们的义务教育做得超过它，等我们北京的空气超过东京的时候，那时候我们就好了。

主持人：我们是一个循序渐进的原则，先由浅入深。因为我们题目说战后 70 年，这个时段还是很长，我觉得可能 1972 年中日关系实现这种邦交正常化，可能是一个比较重要的节点，之前之后，包括之后这几十年这个发展变迁肯定有一些不同的时段。可不可以就战后 70 年中日关系，分出一些相对比较大的脉络、大的段落出来？

王冲：我概括地跟大家聊一聊我对中日关系这 70 年的简单分类。我把它分成三个阶段。

第一个阶段就是从 1949 年中华人民共和国成立到 1972 年中日建交。这段时间中日实际上没有什么交往，你可以说“老死不相往来”，但其实不是这样的。

这段时间中日就是一种“互不理睬的爱慕”，为什么这么说呢？中国那时候发生了“文革”，对外输出革命，但在日本一些左翼那里对于毛泽东以及中国所追求的这种自由平等，是很买账的。反过来，中国这边也在支持日本人民的斗争，比如说《人民日报》当年就曾刊登文章，“坚决支持日本人民收回北方四岛”，还说“坚决支持日本人民把冲绳从美军手里拿回来”。

双方那时候因为互不交往，可能反而会带来一些好的印象。人与人之间也是这样，可能你 20 年跟某个同学不见，一见觉得你怎么变化这么大，这么好。

第二阶段就是从 1972 年建交到 1998 年，我觉得这段时间实际上是中日历史上相对非常好的一段时期，用简单的话就是你好、我也好的热恋。

我们回想 80 年代，那个时候我们看的是《铁臂阿童木》，还有《聪明的一休》《蔷薇海峡》各种日剧，我们一说起三洋电器（当然现在倒闭了）那就是代表着高质量。日本看中国也是，那时候 3000 名日本青年访华，中国在那时候国力那么差的情况下，还对他们进行了友好的接待。尽管他们来看到的是一个贫穷的中国、是一个落后的中国，但是他们所感受到的也是一个有希望的、有进取心的、纯朴的中国。

3000 名青年访华那时候的秘书长就是胡锦涛，当时访华团里边有一位日本的歌手芹洋子正好过生日，胡主席拿了一束花到宾馆里送给她，因为那个歌手正在洗澡，让胡主席在大厅里等了半个小时。那是那时候的友好，正因为那个时候的友好才导致在 1989 年以后，所有西方国家里面率先跟中国恢复正常关系、恢复正常贸易往来的就是日本。也就是说 90 年代开始中国打破外交僵局，日本是起了一个带头的作用。

这段时间中国的经济发展，日本也起到了很大促进作用。敏感的赔偿问题，日本当然有很大的责任，中国确确实实是不要赔偿了，说我们不能把灾难转加给日本人民。后来日本因为没有这个赔偿，所以有所谓中日双方的一个默契，就是给中国一些无息或低息贷款，也就是 80 年代日本的资金对中国的建设起到了一定的帮助作用。

我们回过头来也可以说，那时候日本的资金是过剩的，它如果不给中国，放在那儿也是贬值，我们也可以这么理解。但是从我们这个角度来说确确实实是有帮助。我们首都机场，日本人的贷款盖的。包括我们这旁边京广大厦，施工方是日本人。

为什么我把1998年作为第二阶段的终点，因为1998年有一个在中日交往史上非常重要的事情，就是江泽民访日。江泽民访日之前，韩国逼迫日本进行了道歉，江泽民访日也希望达到这么一个伟大的目标。所以在跟首相会谈，甚至在天皇的晚宴上也都当面提出要日本跟中国道歉。那时候中日实力差距还蛮大，所以要求没有答应，当时双方闹得很不愉快。所以回来，也就是1998年开始中国就开展了轰轰烈烈的爱国主义教育，再加上几年之后日本小泉纯一郎上台，就带来了中日关系的第三阶段。

第三阶段叫什么？就叫你不好我也不好的讨厌，也不能叫仇恨，就是双方这种互相讨厌逐步的加码。

一开始我们叫“政冷经热”，就是政治冷，经济交往还很好。中间从安倍上台以及民主党上台有一段时间的缓和，到了这次中日双方都换了新的领导人，又到了“政冷经冷”，就是政治也不好，经济也不好。日本的企业有的是因为在中国经营不好走的，有的是因为自己总部出了问题，还有一些看到中国的政治环境，看到中国劳动力成本上升的一些经济状况，就开始向东南亚，向印度转移，就是现在的“政冷经冷”。

如果更简单地概括，第一阶段，没有交往；第二阶段，关系不错；第三阶段，关系很差，而且这个趋势是越来越差。我想如果未来十年或者二十年可能是个什么情况呢？我觉得大家不用担心忽然擦枪走火打起来了，这个概率我们不能说百分之百没有，但我觉得这个可能性非常之低。现在中日双方从高层到中层沟通管道实际上一直很好，应该最近就有避免东海擦枪走火管控分歧的一个委员会可能就要成立，就是说双方都不想动。

中日对钓鱼岛的这个争端的状况，中国比之十年前实际上是往前迈了半只脚。这个问题不可能说一蹴而就就解决，只能说可能进三步退两步，进两步退三步，是一个反复拉锯的过程。所以未来我们基本排除战争的风险，我想也不能叫冷战，冷战就是双方陈兵两岸，随时都有风险。我特别喜欢的一个词就是用来形容未来中日关系的，叫“冷和平”，就是大家是和平的，大家也没有战争，但双方会越来越冷。

我看最新的一个调查就是说对中国的评价是正面还是负面的，美国是37%的对中国正面，其他55%是负面，当然也有中性。像我们的好朋友巴基斯坦，80%以上对中国是正面。俄罗斯对中国也是正面评价超过50%。日本对中国的正面评价大家可以往少里想，少到多少？4%。中日之间这种国民感情都恶化到一个什么程度了？我想未来十年这种“冷和平”可能会持续，双方就像赛跑，可能到了一个弯道，现在实力相差并不大，可能偶尔你撞我一下、我撞你一下，各种风险甚至摩擦总会有。我还是希望有一个更理性的一个处理方式。谢谢。

钓鱼岛之争不妨再等 70 年

2014 年 3 月 31 日，察哈尔学会、斯德哥尔摩国际和平研究所和爱海洋网共同主办了中日东海危机管控的研讨会。我简短做了一个相对乐观的判断，以及希望大家不要妄言战争，希望媒体不要炒作战争。后新加坡亚洲新闻网就此对我专访。

中日之间不会爆发大规模战争，因为中日之间中、低级别的对话并未中断，在一定程度上能够做到管控，出现疯子才会擦枪走火。中日钓鱼岛争端在可预见的未来十年内，甚至五十年内，很难得到彻底解决，因而需要中日政府管控。

4 月 1 日，日本前首相村山富市接受凤凰卫视专访，更为积极地提出了中日共同开发钓鱼岛，也显示了日方负责任的政治家理性的一面。

其实，钓鱼岛之争，时间在中国一边，因为中国国力在上升，越拖越好，2015 年是抗战胜利 70 周年。过去的 70 年，有 40 年时间钓鱼岛根本就不是问题。再等 70 年，也无妨。

对于钓鱼岛之争，首先要保持理性态度，切忌浮躁，切忌被日本的各项政策牵着鼻子走，也切忌被激进的想法带着偏了航向。

钓鱼岛之争，表象上争的是面积仅为 612 公顷的小岛，深里看则是以钓鱼岛为基准开始算的广大海域和下面的石油资源。但这不是问题的全部。钓鱼岛的走向和最终归属，实际上是中日两国实力天平的对比变化，更有中美日三国的角力和平衡。

近代以来的中日关系史，日本强，中国弱，实则是日本欺辱中国的历史，无论甲午战争，还是日本侵华战争，中国都处于防御位置。而今，随着中国的发展，东亚的格局从“日本强、中国弱”变成了“两强并立”。中日作为亚洲两大强国，将会在政治、经济、文化等各个层面展开竞争，其他方面的竞争，大都不是正面的较量。只有钓鱼岛，可能引发中日之间的大规模冲突。

因此，中日官方都不得不谨慎处置，既不能得罪国内的民族主义者，又尽量避免“擦枪走火”。此事的博弈，考验的是双方的耐心和决策力、执行力，考验的是面对历史和现实的大智慧。

这种大智慧，首当其冲的是不要轻言战争。战争是实在没有智慧解决纠纷才会出现的产物。日本把钓鱼岛国有化，并不等同于钓鱼岛真的属于日本，中国大可以通过各种方式的“存在”来向日本和国际社会表明钓鱼岛系中日争端所在。外交就是在战争边缘，而不卷入战争的艺术。

这个过程，有几点措施可以做，也必须做。

第一，官民之间的配合。从海外华人到大陆爱国人士，这些年一直有一股民间的保钓力量，这是弥足珍贵的力量。他们的声音和做法，反映的是华夏儿女对领土主权的珍视，反映的是中国人的家国情怀，对他们应该有更多包容。官方和民间，在保钓问题上毫无疑问有着共同的目标，可能民间更激进些，官方考虑得更周全些，但双方的沟通和协调是非常必要的。

第二，两岸之间的协作。有道是，兄弟齐心，其利断金，两岸都为炎黄子孙，有义务共同保护老祖宗留下的遗产。两岸这些年经济合作日益密切，外交战打得越来越少，政治互信日益增强，下一步要做的，就是以钓鱼岛问题为基石，对日本采取一致的策略。笔者建议，在即将举行的博鳌论坛上，两岸领导人会面时，把钓鱼岛问题作为议题，即便不能形成官方协议，共同探讨这个议题本身，也是对日本的威慑。

第三，善于利用美国因素。美国是日本的盟友，日美同盟是日本外交的基石，正是由于美国重返亚洲，日本才准备借机火中取栗。美国人对钓鱼岛的基本态度是，日本有行政权，但对钓鱼岛的主权美国“不持立场”，基于日本安保协定，如果中日发生战争，美国有义务帮助日本。也就是说，在不导致战争的情况下，美国持观望态度，这就给了中国“到战争边缘、但不卷入战争”的试探性机会。显然，美国也希望维持亚太的稳定，也会让日本克制，而不是过分偏向日本，这就给了中国做美国工作的机会。

总之，冰冻三尺非一日之寒，钓鱼岛问题有复杂的历史背景，也不会轻易得到解决。该谈就谈，坚持原则，谈个十年八年，也无妨。如能就钓鱼岛问题建立个对话机制，当然是好事。当然，更长远而言，中国做好自己的事，不被日本打乱自己的节奏，才是最重要的。

我以前接受接受采访时，有人问钓鱼岛问题最终到底该怎么解决，我回答说，中国人做好自己的事，继续和平发展100年，真正实现国强民富，那时候，回来的，恐怕不止是一个小小的钓鱼岛。

什么是当今中国最大的危机

——答英国《华闻周刊》

1.“中国梦”提出已经多年，如果你用一句话概括这个梦，它是什么？你心目中理想的中国梦是什么样子？

王冲：我心中的“中国梦”应该是人民的梦。具体来说就是人民能幸福地生活，居者有其屋，生病可以享受免费医疗，孩子上学能有一个公平的教育环境，能尊重孩子的成长。

2. 你觉得中国政府如今提出和倡导的中国梦是什么梦？它可以实现吗？需要多久才能实现？

王冲：政府提出的“中国梦”主要是“国家富强，民族振兴，人民幸福”，但不同的机构、不同背景的人有不同解读。我在美国做过一个关于“中国梦”的报告，中国梦有两种，一个是“国家的梦”（China Dream），一个是“人民的梦”（Chinese Dream）。但是当“国家的梦”和“人民的梦”有矛盾的时候，会以哪个为主？按照现在的宣传，更多注重“国家富强，民族振兴”这个层面，习主席说的“归根到底是人民的梦”反而被有意无意地忽略了。

要达到“国富民强”这个目标需要多久这不好说，因为从“国富”这个角度来说，中国现在已经是世界第二了，已经有了足够的钱了。但是现在“国富”和“民穷”之间的距离也算是很大了，特别是社会不公已经到了一个临界点，政府反腐也是从这方面来考虑的。但是没有一个机制的变革，给人民更多对财产的保护和更多的权利，其实很难达到这个目标。

3. 辛亥以来，中国人有过很多个梦，历史告诉我们很多梦是难以实现的，你觉得这些曾经抱以巨大希望的梦之所以破灭的原因是什么？

王冲：主要是人为的原因，人的素质还没有达到一定程度。1898年的戊戌变法就是官方发动的，而且不同政治派别有不同诉求，即使到了1910年的辛亥革命，也是一个上层知识分子、精英群体发动的政变或者革命，和底层人民没有太大关系。之后在国共斗争期间，共产党所做的就是把底层人民调动起来了，直到1978年的改革开放以后，才真正开始底层人民和上层人民的融合，这种融合发展到现在也不是一帆风顺的。到现在，教育和信仰的缺失使得人们一切向钱看，走向了一种“邪路”。

4. 你对中国经济的未来十年怎么看？它会保持高速的发展吗？

王冲：我觉得今后10年不会像之前几十年这样，7%~8%地高速增长，甚至10%~11%这样地增长，这是不正常的。中国经过改革开放这几十年的发展，经济体量已经很大了，在这么大的体量的基础上，增长率有所放缓，是很正常的。关键是在放缓的过程中改变经济模式，从粗放型发展改为注意提高质的发展，从高耗能的发展到更节能的发展，从依靠劳动力优势改为依靠科技创新，增加GDP的含金量。中国政府高层现在已经注意到了这一点。我觉得中国经济发展只要保持在5%以上就已经很好了。

5. 你认为本届中国领导核心会推动政治体制改革吗？你期望是什么样的体制改革？哪一种改革既能够保证国家生活的平稳，也能够实现效率的提高？

王冲：首先要承认改良和改革比革命要好，从辛亥革命以来，一直有一种“枪杆子出政权”的思维，其实给我们民族带来了灾难。但是光靠经济改革是不行的，还要有配套的政治改革。如果说因为国情不同，我们不能照搬美国、日本、韩国的发展模式，那我们为什么不能学台湾地区？台湾地区在20世纪50年代进行了土改，这让地方有了一定程度的自治，并保留了儒家传统，再加上引进西方的文明和日本的管理模式，从而推动了台湾地区经济的腾飞。在经济发展到一定程度后，再至上而下发动了政治改革。我想中国的政治改革是在一定的经济基础上，由上层启动的、民间配合的一种变革。我们在20世纪80年代已经启动了乡村的改革，包括乡村的选举。这些年大家不满意的是，以乡村选举为代表的这种改革基本上还是没有往纵深发展，这是在往后退而不是在向前走。我们一直以国情和经济基础薄弱为借口把这种改革往后拖延。

6. 深圳模式曾经引领中国发展，直到今天仍保持着强劲的生命力，你认为中国经济再度“质变式前进”的“动力基地”在哪里，是深圳还是上海？

王冲：上海和深圳不一样，深圳是一种自下而上的需求，当时的情况是只要不管它，它就能茁壮成长。而现在的上海并不是释放活力，是自上而下的“特权”，让它发展。我觉得中国的经济单靠特区模式或者政府扶持，不会有好的效果。过去五年、十年，中央一直在扶持环保企业，但是现在很多环保企业发展得并不好，甚至濒临破产，反而是国家没管的互联网和电子商务，为国家带来很多就业。这是因为国家对产业的调研一直是落后于生产的，与其依靠国家投巨资和人力去扶持一个产业，不如让其“野蛮生长”。

7. 作为一个“公知”，你如何确定自己在实现中国梦中的社会角色位置？

王冲：如果你爱一个人，当他衣着不整的时候，你会提醒他。一个人和一个国家的关系也是一样，因为你爱这个国家，所以这个国家出现什么问题，你才会提出建议。作为一个“公知”，当发现一个问题时，我们愿意指出来，这是责任。对一个国提出批评，是我们实现“中国梦”最好的方式。

8. 现在的中国有着复杂的问题，在依然蓬勃的经济活力之下，也有着随处可见的危机，你认为最严重的危机是什么？它能否被“安全”地解决？经济的持续发展是克服这些危机的解药吗？

王冲：我觉得环境问题、恐怖主义这些都是可预见的问题，但是现在中国社会最大的危机是信仰危机。人一旦没有了信仰，没有了恐惧，没有了敬畏，就导致所有的制度和规则都会打折，发生变异。再好的制度政策都要由人来执行，其实西方的法律也并不是完全没有漏洞，但是人有底线。中国最大的危机还是没有底线，除了钱别的什么都不管，这是很可怕的。

9. 你觉得目前发展企业的最大障碍是什么？企业的远期目标是什么？

王冲：民营企业最大的问题是政府管得太多。比如有一些行业的认证标准，只能由某个部门指定，由某几个公司经营。本来应该交由市场解决的东西，因为部门之间争权夺利管得太细，严重搅乱了市场秩序。第二，与国企相比，民企的生存空间小。第三是民企融资难的问题。

特朗普时代的中美关系

2016 年 11 月 9 日，美国共和党人唐纳德·特朗普赢得了美国第 58 届总统大选，成为美国第 45 任总统。特朗普的当选，即使在美国国内，也引起了极大的争议，褒贬不一，但无论如何，特朗普都将开启一个新的时代。

他的竞选诺言会不会一一兑现？他能否做到“让美国再次伟大”？他会不会把美国带回孤立主义？他的外交政策将如何推进？对于中国而言，更关心的是在特朗普领导下，美国的对华政策将发生怎样的变化？本文是《公共外交》季刊的编辑部副主任、察哈尔学会副秘书长马文生对我的访谈实录。

美国政治周期影响中美关系

马文生：王老师好！美国的政治周期、总统轮换，对中美关系显然有较大影响，您怎么看这种影响？

王冲：里根、老布什、克林顿、小布什担任总统的几十年里，中美关系呈现“低开高走”的态势。总统竞选中往往拿中国“开刀”，上任后则对中国施加压力，但随着双边接触的增加，关系又会逐渐改善。

奥巴马时期则恰好相反，中美关系是“高开低走”。刚上任时奥巴马政府甚至提出 G2 战略，明显地对华示好。但很快改弦更张，在政治上推出亚太再平衡战略，在经济上筹划 TPP 把中国拒之门外，在军事上则借南海问题制造亚太地区紧张的局面。

中美关系中，竞争与合作并存。美国看中国，“崩溃论”和“崛起论”并存，如今“崩溃论”市场不大，中国“威胁论”抬头。美国鹰派秉持现实政治的论调，认为中美无法绕开修昔底德陷阱，中国崛起一定会挑战美国的霸主地位，而霸权的转移将不可避免地通过战争。

马文生：中美这两个大国之间的关系，对整个世界的影响也是巨大的。中国长期秉持和平外交政策，总是积极寻求与各国之间建立和保持良好关系。对于中美关系，中国提出了建立新型大国关系的构想。

王冲：中美新型大国关系的内涵是不冲突、不对抗、相互尊重、合作共赢。在此框架下，中美两国之间建立的对话沟通机制已达 90 多个。这些机制涉及政治、军事、经贸、科技、环境等全方位各个领域。这些对话机制未必能及时解决问题，但它们能促使中美之间及时沟通，避免误判，保证中美不陷入对抗的漩涡。

在经贸领域，双边关系发展迅速。2014 年，两国双边贸易额达 5551 亿美元，同比增长 6.6%，创历史新高。其中中方出口、进口分别为 3961 亿、1590 亿美元，分别增长 7.5%、4.2%，顺差额 2371 亿美元，增长 9.9%。2015 年，双边贸易额达到 5583.9 亿美元，增长速度下降。但由于国际油价下跌等外部因素，中国超越加拿大，成为美国第一大贸易伙伴。

巨大的贸易额背后是麻烦不断，中国成了美国经济不振的“替罪羊”。比如“中国人偷走了美国人的工作机会”，“中国对美国进行倾销”，“中国政府操纵人民币汇率”，“中国不对美国开放市场，不是完全市场经济”……这些都是美国近几届政府一直保留的观点。

在军事领域，美国亚太再平衡战略的核心是加强对中国的遏制，为此，美国减少了欧洲驻军，加强了亚太地区的军事存在。在过去的几年里，美国强化了和日本、韩国的同盟关系，同时加紧对菲律宾、马来西亚、缅甸等亚太国家的争夺，构筑了环太平洋的对华“包围圈”。南海问题，更是中美之间测试对方决心的试金石，中美军舰、军机在南海的对峙，让全世界都捏了一把汗。

好消息是，中美之间军事沟通的渠道保持畅通。军事领域的对话沟通机制主要有：中美军事热线，中美海上军事安全磋商机制，中美副外长级战略安全，多边军控和防扩散磋商，国防部副部长级防务磋商，中美司局级军控与防扩散磋商，中美退役高级将领会谈，中美军控、裁军与防扩散研讨会等。这些保持畅通的磋商机制，很大程度上避免了中美之间发生“擦枪走火”的事件。

从竞选言论看特朗普的外交特点

马文生：特朗普在竞选中曾经做出过多个承诺，那么他会不会把美国带回孤立主义？他的外交政策将如何推进？

王冲：中国有句古话，叫“听其言、观其行”。从特朗普竞选总统的外交言论，可以大致判断他的外交特点。

第一，特朗普的外交更加注重利益，轻视价值观。美国的外交，就像一个钟摆，在理想主义和现实主义之间摆动。通常而言，民主党更注重理想主义，而共和党更注重现实主义。特朗普批评希拉里对中东国家推广民主，结果造成中东局势一团糟。作为商人，特朗普重利轻义，和奥巴马相比，他将以更加实事求是的态度处理美国的外交事务。

第二，特朗普的外交更加灵活善变。谈到外交，大家常说的一句话，就是国家没有永远的敌人，没有永远的朋友，只有永远的利益，这句话会在特朗普身上体现得更加明显。他竞选时就对普京示好，上台后可能很快改善和俄罗斯的关系，而这正是普京所期待的。和俄罗斯关系改善后，特朗普在中东、在欧洲，甚至在亚太，会有更多的牌可打。

第三，特朗普不会退回孤立主义。竞选时，特朗普提出了让美国再次伟大，提出让欧盟和日韩分担驻军费用，反对美国向全世界推广民主，外界认为他将把美国带回孤立主义。这只能是说说而已，美国的利益已经遍布全球，无法回去，这一点特朗普非常清楚。哪些全球事务需要强化，哪些需要收缩，这是特朗普及其团队需要做的一道选择题。

总之，特朗普所说的都体现了他的思路和风格，但受到美国行政机构、国会、企业家的掣肘，他有些只是说说，有些可以做到，有些做不到，更多的则需要漫长的博弈过程。

对于中美关系无需太悲观

马文生：记得美国大选前，德国的电视台曾问过一个问题：希拉里和特朗普二人上台分别会对中美关系有何影响。如今美国总统大选已然尘埃落定，我还是要问您同样的问题。

王冲：我的回答是，如果希拉里当选，中国所面临的压力将增大。希拉里将继续执行亚太再平衡战略，对中国施加压力，其中包括南海问题上可能维持强硬立场，深化和日、韩等同盟国的合作，继续争取东盟国家对美国的支持，如印尼、缅甸。最大的变数，是希拉里能否在执政后挽救 TPP，如果 TPP 被国会否决，不利于美国在亚洲的影响力和对中国的制衡。

假如特朗普上台，执行美国优先政策，有利于中美关系在东亚的缓和。特朗普会在经贸、就业、投资方面对中国更加强硬，因此短期看中美经贸关系会有波折，但他是商人，善于谈判，讲究实际，会很快和中国找到平衡点。他要的是中国的钱，不会在人权方面说三道四。

如今，特朗普上台，中美关系面临考验，因为特朗普是一个不按常理出牌的人，波折将不可避免地发生，中美关系需要经过一段时间的调试。这个调试所持续的时间，要看双方领导人和团队的意愿和协调能力。可以预见的是，调试后中美关系将改善。

也就是说，特朗普时代的中美关系可能是“低开高走”。

马文生：*那么，是否可以预测一下他在任期内将会如何面对影响中美关系的台海问题、朝核问题、南海问题以及经贸关系？*

王冲：中美关系可以从三个层面来看，一是中美双边关系，二是亚太局势，三是世界形势。

中美双边关系，最大的障碍在于台湾问题，只要特朗普不在台湾问题上挑战中国核心利益，双边政治关系不会出现大问题。

经贸关系将是未来中美博弈的重点，中国毫无疑问将面临非常大的压力。其核心在于，特朗普是否把中国定为汇率操纵国，这一关守住，在反倾销、贸易不平衡等问题方面才可以灵活处理。美国要实现提高经济增长和就业的计划，需要资金，中国可以抓住机会进行谈判，让中国公司去美国投资时获得更多便利，甚至可以考虑增加购买美国国债。因为从长远看，我相信美国目前并不是衰落，而是处于低潮。

按照特朗普的承诺，他将废掉奥巴马政府力推的TPP——特朗普在近期的讲话中再次强调了这一点。这样看来，美国有可能会支持中国的“一带一路”倡议，甚至有可能改变做法，加入亚投行。

我认为未来在世界范围内，中美之间的合作会大于竞争。因为中东乱局、气候变化、能源危机以及反恐等都需要中美两个大国的合作。

中美关系的难题主要在于亚太，要点在于朝核问题和南海问题。

南海问题，随着菲律宾总统杜特尔特对华示好，访华后拿到中国的大额订单和援助，有所降温。虽然法律层面双方没有高调宣扬，但在具体措施方面，中国还是做了让步，允许菲律宾渔民到黄岩岛附近打渔。双边关系缓和，这让美国失去了在亚太地区给中国施压的前部先锋。

朝核问题是真正的难题。特朗普说要和金正恩谈谈，还说中国是唯一支持朝鲜的大国。特朗普当选后，朝鲜并没有发贺电，而是在朝中社评论中劝美国领导人改弦更张，提出“现在是美国要决定如何与东方核强国打交道的时候了”。

马文生：挑战在，机会也在啊！

王冲：萨德导弹系统造成的中韩关系紧张也迎来机会。朴槿惠政权风雨飘摇，美国也将进行权力交接，是否继续部署萨德，将是未来朝鲜半岛问题的另一个筹码。

可以预见的是，特朗普维护美国超级大国地位的决心不比任何一位前任总统差，他也清楚中国日益增长的实力给美国带来的挑战。因此，即便他不再用亚太再平衡这个说法，也会持续对中国施加压力。

对特朗普而言，重要的是如何处理对华关系与其盟友之间的平衡。他说过，要让日本和韩国承担更多军费，甚至说过撤出驻韩美军，这些话让日本政府和韩国政府产生焦虑。我觉得，他不会真这么做。

中美关系是复杂的，有起伏也正常。特朗普时代的中美关系向何处去，我们无需太悲观。

图书在版编目（CIP）数据

不要相信你的眼睛 / 王冲 著. —北京：东方出版社，2016. 12
ISBN 978-7-5060-9405-4

Ⅰ. ①不… Ⅱ. ①王… Ⅲ. ①文化史—世界 Ⅳ. ①K103

中国版本图书馆 CIP 数据核字（2016）第 308029 号

不要相信你的眼睛
（BUYAO XIANGXIN NI DE YANJING）

作　　者：王　冲
责任编辑：郭　国
出　　版：东方出版社
发　　行：人民东方出版传媒有限公司
地　　址：北京市东城区东四十条 113 号
邮政编码：100007
印　　刷：北京楠萍印刷有限公司
版　　次：2017 年 3 月第 1 版
印　　次：2017 年 3 月第 1 次印刷
印　　数：1—6000 册
开　　本：710 毫米×960 毫米　1/16
印　　张：15. 5
字　　数：183 千字
书　　号：ISBN 978-7-5060-9405-4
定　　价：39. 00 元
发行电话：（010）85924663　85924644　85924641